ACADÉMIE DE BERLIN
Suhrkamp

FRANZÖSISCHE BIBLIOTHEK

Diese Ausgabe von *Tage des Lesens* von Marcel Proust ist Teil der FRANZÖSISCHEN BIBLIOTHEK, die in Zusammenarbeit zwischen der ACADÉMIE DE BERLIN und dem SUHRKAMP VERLAG entstanden ist.

Gemeinsam wollen wir auf bedeutende, aber fast vergessene Werke der modernen französischen Literatur aufmerksam machen – die FRANZÖSISCHE BIBLIOTHEK soll dazu in einer ersten Auswahl als Kompass dienen und als Anregung, sich immer wieder aufs Neue für französische Literatur in deutscher Sprache zu begeistern.

Die ACADÉMIE DE BERLIN wurde 2006 unter der Schirmherrschaft von Richard von Weizsäcker gegründet. Ihre Mitglieder, Persönlichkeiten des öffentlichen Lebens, haben es sich zum Ziel gesetzt, den kulturellen und gesellschaftlichen Austausch zwischen Frankreich und Deutschland zu fördern.

»Es gibt vielleicht keine Tage unserer Kindheit, die wir so voll erlebt haben wie jene, die wir glaubten verstreichen zu lassen, ohne sie zu erleben, jene nämlich, die wir mit einem Lieblingsbuch verbracht haben.« Unter dem Titel »Sur la lecture« erstmals 1905 in *La Renaissance Latine* erschienen und als Vorwort für eine Ruskin-Übersetzung von Marcel Proust entstanden, beginnt so der erste der drei hier versammelten Essays über die Faszination des Lesens. Proust erinnert sich an Tage des Lesens im Kindheitsparadies Illiers, in denen die Lektürezeit meist mit häuslichen Notwendigkeiten konkurrieren muss, und weitet seinen Aufsatz zu einem Nachdenken über die Frage, ob und wie aus dem Umgang mit Literatur Literatur entsteht, ob und wie der Kritiker zum Dichter werden kann.

Die zwei darauffolgenden Essays, beide in der *Nouvelle Revue Française* erschienen, besprechen die Werke zweier großer französischer Dichter. »Über den ›Stil‹ Flauberts« (1920) ist zunächst eine scharfsinnige Analyse der stilistischen Eigenheiten und der »grammatischen Schönheit« Flauberts und entspinnt sich zu einer spitzen Kritik an der Literaturkritik selbst.

»Über Baudelaire« (1921) bietet einen ebenso pointierten wie umfassenden Überblick über die französische Lyrik. Der Essay beleuchtet die Thematik der Homosexualität in Baudelaires *Blumen des Bösen* – gewiss auch im Hinblick auf die bevorstehende Publikation von Prousts *Sodom und Gomorrha.*

MARCEL PROUST wurde am 10. Juli 1871 in Auteuil geboren. Noch während des Studiums und einer kurzen Tätigkeit an der Bibliothek Mazarine widmete er sich seinen schriftstellerischen Arbeiten und dem Salonleben. Es erschienen Beiträge für Zeitschriften sowie Übersetzungen zweier Bücher von John Ruskin. Das siebenbändige Romanwerk *Auf der Suche nach der verlorenen Zeit* wurde zu einem Mythos der Moderne. Der erste Band, *In Swanns Welt*, erschien 1913 auf Kosten des Autors im Verlag Grasset. Für den zweiten Band, *Im Schatten junger Mädchenblüte*, wurde Proust 1919 mit dem Prix Goncourt ausgezeichnet. Proust starb am 18. November 1922 in Paris.

MARCEL PROUST

Tage des Lesens

DREI ESSAYS

Aus dem Französischen
von Helmut Scheffel

SUHRKAMP

INHALT

TAGE DES LESENS[1)]

Es gibt vielleicht keine Tage unserer Kindheit, die wir so voll erlebt haben wie jene, die wir glaubten verstreichen zu lassen, ohne sie zu erleben, jene nämlich, die wir mit einem Lieblingsbuch verbracht haben. Alles, was sie, wie es schien, für die andern erfüllte und was wir wie eine vulgäre Unterbrechung eines göttlichen Vergnügens beiseite schoben: das Spiel, zu dem uns ein Freund bei der interessantesten Stelle abholen wollte; die störende Biene oder der lästige Sonnenstrahl, die uns zwangen, den Blick von der Seite zu heben oder den Platz zu wechseln; die für die Nachmittagsmahlzeit mitgegebenen Vorräte, die wir unberührt neben uns auf der Bank liegen ließen, während über unserm Haupt die Sonne am blauen Himmel unaufhaltsam schwächer wurde; das Abendessen, zu dem wir zurück ins Haus mußten und während dessen wir nur daran dachten, sogleich danach in unser Zimmer hinaufzugehen, um das unterbrochene Kapitel zu beenden, all das, worin unser Lesen uns nur Belästigung hätte sehen lassen müssen, grub im Gegenteil eine so sanfte Erinnerung in uns ein (die nach unserm heutigen Urteil um so vieles kostbarer ist als das, was wir damals mit Hingabe lasen), daß, wenn wir heute manchmal in diesen Büchern von einst blättern, sie nur noch

1) Der Leser findet hier den größten Teil der Seiten, die für eine Übersetzung von *Sesam und Lilien* geschrieben wurden und die dank der großzügigen Erlaubnis von Monsieur Alfred Vallette hier neu gedruckt werden. Sie waren der Prinzessin Alexandre de Caraman-Chimay als Zeugnis einer bewundernden Zuneigung gewidmet, die in zwanzig Jahren nicht schwächer geworden ist.

wie die einzigen aufbewahrten Kalender der entflohenen Tage sind, und es mit der Hoffnung geschieht, auf ihren Seiten die nicht mehr existierenden Wohnstätten und Teiche sich widerspiegeln zu sehen.

Wer erinnert sich nicht, wie ich, des Lesens während der Ferien, das man nacheinander in all jenen Stunden des Tages barg, die hinreichend friedlich und unverletzlich waren, um ihm Asyl zu gewähren. Morgens, nach der Rückkehr aus dem Park, wenn alle zu einem Spaziergang aufgebrochen waren, schlüpfte ich in das Eßzimmer, das bis zu der noch fernen Stunde des Mittagessens niemand, bis auf die alte, verhältnismäßig stille Félicie, betreten würde und wo ich als dem Lesen besonders gewogene Gefährten nur die an der Wand hängenden bemalten Teller hatte, den Kalender, dessen vortägiges Blatt frisch abgerissen worden war, die Standuhr und das Feuer, die beide sprechen, ohne zu erwarten, daß man ihnen antwortet, und deren sanfte, sinnlose Sätze nicht wie die Worte der Menschen einen andern Sinn an die Stelle der Wörter setzen, die man liest. Ich ließ mich auf einem Stuhl vor dem kleinen Holzfeuer nieder, von dem der früh aufstehende und gärtnernde Onkel während des Mittagessens sagen würde: »Das ist gar nicht übel. Man kann ganz gut ein bißchen Feuer vertragen. Ich kann euch versichern, daß es heute morgen um sechs im Garten noch hübsch kalt war. Wenn man bedenkt, daß in acht Tagen Ostern ist!« Bis zum Mittagessen, das leider dem Lesen ein Ende setzen würde, waren es noch zwei volle Stunden. Von Zeit zu Zeit hörte man das Geräusch der Pumpe, aus der gleich das Wasser fließen würde und durch die man veranlaßt wurde, den Blick zu heben, um sie durch das geschlossene Fenster zu betrachten, hier, ganz nah, auf dem einzigen Weg des Gärtchens, das seine mit Stiefmütterchen bepflanzten Beete mit Ziegeln und halbmondförmigen Fayencen einfaßte:

Stiefmütterchen, die an den allzu schönen Himmeln gepflückt zu sein schienen, an den buntschillernden Himmeln, als ob sich die Kirchenfenster darin spiegelten, und die man zuweilen zwischen den Dächern des Dorfes sah, an den trüben Himmeln, die vor den Gewittern erschienen oder danach, sehr spät, wenn der Tag schon zu Ende ging. Leider kam die Köchin lange im voraus, um den Tisch zu decken; und wenn sie ihn wenigstens gedeckt hätte, ohne zu sprechen! Aber sie glaubte sagen zu müssen: »Sie sitzen nicht bequem; soll ich Ihnen einen Tisch heranrücken?« Und nur, um »Nein, vielen Dank!« zu antworten, mußte man plötzlich innehalten und von weither seine Stimme holen, die hinter den Lippen geräuschlos eilig alle Wörter nachsprach, die die Augen gelesen hatten; man mußte sie anhalten, sie hervortreten lassen und, damit sie höflich »Nein, vielen Dank!« sage, ihr den Anschein von gewöhnlichem Leben und den Tonfall einer Antwort geben, den sie verloren hatte. Die Zeit verging; oft begannen lange vor dem Mittagessen schon jene in das Eßzimmer zu treten, die, weil sie ermüdet waren, den Spaziergang abgekürzt und »den Weg über Méréglise«[1] genommen hatten, oder auch jene, die an diesem Vormittag überhaupt nicht weggegangen waren, weil sie »zu schreiben« hatten. Sie sagten wohl: »Laß dich nicht stören«, aber begannen doch bald, sich dem Feuer zu nähern, nach der Uhrzeit zu sehen und zu erklären, daß das Mittagessen nicht unwillkommen wäre. Man erwies denen, die zu Hause geblieben waren, »um zu schreiben«, eine besondere Ehrerbietung und sagte zu ihnen: »Haben Sie Ihre Korrespondenz erledigt«, mit einem Lächeln, in dem Achtung, Geheimnis, Anzüglichkeit und Rücksichtnahme lagen, als ob diese »Korrespondenz« zugleich ein Staatsgeheimnis, ein Vorrecht, ein Liebesglück und eine Indisposition wäre. Einige setzten sich, ohne noch länger zu warten, zu Tisch, an ihren Platz. Das brachte mich in tiefe Betrübnis, denn es würde ein schlechtes Beispiel für die andern Ankommenden sein, würde den Eindruck erwecken, daß es bereits zwölf Uhr sei, und meine Eltern zu früh das verhängnisvolle Wort sprechen lassen: »Komm, klapp dein Buch zu, wir wollen essen.« Alles war bereit, der Tisch fertig gedeckt, es fehlte nur, was man erst am Ende der Mahlzeit bringen würde, nämlich der gläserne Apparat, in dem der gärtnernde und küchenbewanderte Onkel selbst am Tisch den Kaffee zubereitete, ein Apparat mit komplizierten Röhren wie ein physikalisches Gerät, das einen guten Geruch hätte und in dem man mit größtem Vergnügen das plötzliche Aufwallen in der Glasglocke beobachtete, das dann an den beschlagenen Wänden einen duftenden dunkelbraunen Satz zurückließ; sowie auch die Schlagsahne und die Erdbeeren, die derselbe Onkel in stets gleichem Verhältnis mischte, mit der Erfahrung eines Koloristen und dem Ahnungsvermögen eines Feinschmeckers immer genau bei dem entsprechenden Rosa innehaltend. Wie mir das Mittagessen lang vorkam! Meine Großtante kostete nur von den Gerichten, um ihre Meinung mit einer Sanftheit zu sagen, die Widerspruch zwar ertrug, aber nicht zuließ. Bei einem Roman oder bei Versen, Dingen, in denen sie sich sehr gut auskannte, unterwarf sie sich stets mit der Demut einer Frau der Meinung von Kompetenteren. Sie glaubte, daß das der unbestimmte Bereich der Laune sei, in dem der Geschmack eines einzelnen die Wahrheit nicht fixieren könne. Doch bei Dingen, deren Regeln und Prinzipien sie ihre Mutter gelehrt hatte, bei der Art und Weise, wie bestimmte Gerichte zubereitet werden müßten, wie Beethovensonaten zu spielen seien oder wie man mit Freundlichkeit Gäste zu empfangen habe, war sie überzeugt, eine angemessene Vorstellung von der Vollkommenheit zu besitzen und unterscheiden zu können, ob die andern sich ihr mehr oder weniger näherten. Für diese drei Dinge war die Vollkommenheit übrigens fast die gleiche: es war eine Art von Einfachheit in den Mitteln, von Schlichtheit und Charme. Sie lehnte entsetzt ab, daß man Gewürze an Gerichte tat, die dies nicht unbedingt erforderten, daß man mit Affektiertheit und unter Mißbrauch des Pedals spielte und daß man beim Empfang von Gästen über eine vollkommene Natürlichkeit hinausging und mit Übertreibung von sich selbst sprach. Sie erhob den Anspruch, beim ersten Bissen, beim ersten Ton oder nach einem einfachen Briefchen zu wissen, ob sie es mit einer guten Köchin, einem wahren Musiker oder einer gut erzogenen Frau zu tun hatte. »Sie mag eine viel größerer Fingerfertigkeit haben als ich, aber es fehlt ihr an Geschmack, wenn sie dieses so schlichte Andante mit einer solchen Emphase spielt.« »Das mag eine glänzende Frau mit sehr vielen Qualitäten sein, aber unter diesen Umständen von sich zu sprechen, beweist einen Mangel an Takt.« »Das mag eine sehr beschlagene Köchin sein, aber sie versteht es nicht, ein Beefsteak mit Äpfeln zu machen.« Das Beefsteak mit Äpfeln! ein ideales Wettbewerbsgericht, schwierig gerade durch seine Einfachheit, eine Art »Sonate Pathétique« der Küche, gastronomisches Äquivalent dessen, was im gesellschaftlichen Leben der Besuch einer Dame ist, die um Auskünfte über einen Hausangestellten bittet und bei einer so einfachen Handlung so viel Takt beweisen oder es so sehr an Takt und Erziehung fehlen lassen kann. Mein Großvater besaß so viel Eigenliebe, daß er wünschte, alle Gerichte wären gelungen, und er verstand so wenig vom Kochen, daß er nie wissen konnte, wann sie mißlungen waren. Er wollte wohl zugeben, daß sie es zuweilen waren, sehr selten im übrigen, jedoch nur aufgrund eines reinen Zufalls. Die Kritiken meiner Großtante, die dagegen unterstellten, daß die Köchin dieses bestimmte Gericht nicht zuzubereiten verstanden habe, mußten deshalb meinem Großvater besonders unerträglich erscheinen. Oft, um Diskussionen mit ihm zu vermeiden, äußerte meine Großtante, nachdem sie mit gespitztem Mund gekostet hatte, keine Meinung, was uns im übrigen unverzüglich erkennen ließ, daß diese ungünstig war. Sie schwieg, doch wir lasen in ihren sanften Augen eine unerschütterliche und überlegte Mißbilligung, die meinen Großvater in Zorn versetzen konnte. Er bat sie ironisch, ihre Meinung zu äußern, wurde ungeduldig über ihr Schweigen, bedrängte sie mit Fragen, wurde wütend, doch man spürte, daß man sie eher hätte zum Martyrium führen können, als sie die Überzeugung meines Großvaters bestätigen zu hören, daß die Nachspeise nicht zu süß sei.

Nach dem Mittagessen nahm ich meine Lektüre sofort wieder auf; besonders wenn der Tag warm war, zog jeder sich in sein Zimmer zurück, was mir erlaubte, über die kleine Treppe mit den engen Stufen sofort in das meinige zu gehen, das in dem einzigen Stockwerk lag, das so niedrig war, daß man nach dem Übersteigen des Fensterbretts nur einen Kindersprung hätte zu tun brauchen, um auf die Straße zu gelangen. Ich ging zum Fenster, um es zu schließen, ohne dabei den Gruß des Büchsenmachers gegenüber vermeiden zu können, der unter dem Vorwand, seine Rolläden herunterzulassen, jeden Tag nach dem Mittagessen seine Pfeife vor der Tür rauchte und den Vorübergehenden einen guten Tag wünschte, die dann manchmal stehenblieben, um mit ihm zu plaudern. Die Theorien von William Morris[2], die von Maple und den englischen Dekorateuren so konstant angewandt worden sind, schreiben vor, daß ein Zimmer nur dann schön ist, wenn es keine anderen Dinge enthält als solche, die uns nützlich sind, und daß jedes nützliche Ding, und sei es nur ein einfacher Nagel, nicht versteckt, sondern offen sichtbar sein müsse. Über dem völlig offenen Bett aus Messingstangen, an den kahlen Wänden dieser hygienischen Zimmer ein paar Reproduktionen von Meisterwerken. Wenn man es nach diesen ästhetischen Prinzipien beurteilt, war mein Zimmer keineswegs schön, denn es war voll von Dingen, die zu nichts dienen konnten und die schamhaft, bis zu einem Grade, der ihren Gebrauch außerordentlich erschwerte, jene verbargen, die zu etwas dienten. Aber die Dinge, die nicht zu meiner Bequemlichkeit da waren, sondern die zu ihrem Vergnügen dorthin geraten zu sein schienen, machten für mich gerade die Schönheit meines Zimmers aus. Die hohen weißen Vorhänge, die das Bett, wie in der Tiefe eines Heiligtums aufgestellt, den Blicken entzogen; das Gestreu von Plumeaus aus Marzellin, von blumenverzierten Steppdecken, bestickten Überdecken und Kopfkissenbezügen aus Batist, unter denen es tagsüber wie ein Altar im Marienmonat unter Girlanden und Blumen verschwand und die ich abends, um mich schlafen legen zu können, vorsichtig auf einen Sessel legte, wo sie einwilligten, die Nacht zu verbringen; neben dem Bett die Dreiheit des blau gemusterten Glases, der gleichartigen Zuckerdose und der Karaffe (die vom Tag nach meiner Ankunft an auf Anordnung meiner Tante stets leer war, weil sie befürchtete, ich könnte sie ›ausschütten‹), eine Art von Kultinstrumenten – fast ebenso geheiligt wie der kostbare Likör aus Orangenblüten, der neben ihnen in einer Glasphiole stand –, von denen ich ebensowenig glaubte, daß es erlaubt sei, sie zu entweihen oder sie auch nur zu meinem persönlichen Gebrauch zu verwenden, als wenn es geweihte Hostiengefäße gewesen wären, die ich jedoch lange betrachtete, bevor ich mich entkleidete, voller Angst, sie durch eine falsche Bewegung umzuwerfen; die kleinen, in Stäbchen gehäkelten Stolen, die über die Lehnen der Sessel ein Gewand aus weißen Rosen breiteten, die offenbar nicht ohne Dornen waren, da ich jedesmal, wenn ich mit Lesen fertig war und aufstehen wollte, bemerkte, daß ich daran hängenblieb; die Glasglocke, unter der, geschützt vor vulgären Berührungen, die Standuhr vertraulich für Muscheln schwatzte, die von weither gekommen waren, und für eine alte sentimentale Blume, doch die so schwer zu heben war, daß, wenn die Uhr stehenblieb, niemand außer dem Uhrmacher so unvorsichtig gewesen wäre, es zu unternehmen, sie wieder aufzuziehen; das weiße Tuch in erhabener Stickerei, das wie eine Altardecke über die Kommode gebreitet war, die zwei Vasen, ein Bild des Erlösers und ein gesegneter Buchsbaumzweig schmückten, ließ diese dem Tisch des Herrn gleichen (eine Vorstellung, die durch einen Betstuhl, den man jeden Tag, »wenn das Zimmer fertig« war, dorthinstellte, noch vervollständigt wurde), doch seine heraushängenden Fäden, die sich immer in den Spalten der Schubläden festklemmten, verhinderten so vollständig deren Beweglichkeit, daß ich niemals auch nur ein Taschentuch herausholen konnte, ohne mit einem Schlag das Bild des Erlösers, die geheiligten Vasen und den geweihten Zweig umzuwerfen und ohne selbst dabei zu stolpern, wobei ich am Betstuhl Halt suchte; und schließlich die dreifache Übereinanderlagerung von kleinen Schleiergardinen, großen Musselin- und noch größeren Barchentvorhängen, die in ihrem oft besonnten Hagedornweiß immer lächelnd heiter aussahen, aber im Grunde recht aufreizend waren mit ihrer Ungeschicklichkeit und ihrer Versessenheit, sich um ihre parallel verlaufenden Holzleisten zu schlingen, sich ineinander zu verwickeln oder sich alle ins Fenster zu klemmen, sobald ich dieses schließen wollte, wobei ein zweiter Vorhang stets bereit war, wenn es mir gelungen war, einen ersten loszumachen, unverzüglich dessen

Stelle in den Spalten einzunehmen, die von ihnen ebenso vollkommen ausgefüllt waren, wie sie es durch einen wirklichen Hagedornstrauch gewesen wären, oder durch ein Nest von Schwalben, die die Idee gehabt hätten, sich hier niederzulassen, so daß ich die scheinbar so einfache Handlung, mein Fenster zu öffnen oder zu schließen, niemals ohne die Hilfe von jemandem aus dem Hause vollenden konnte; all diese Dinge, die nicht nur keines meiner Bedürfnisse befriedigen konnten, sondern sogar ein – im übrigen leichtes – Hindernis bei ihrer Befriedigung darstellten, und die natürlich niemals zu jemandes Nutzen dort hingebracht worden waren, erfüllten mein Zimmer mit gewissermaßen persönlichen Gedanken, mit jenem Gebaren einer besonderen Vorliebe, sich gerade diesen Ort zum Leben ausgesucht zu haben und sich hier wohlzufühlen, wie es oft Bäumen auf einer Lichtung eigen ist oder Blumen am Wegrand und auf alten Mauern. Sie erfüllten es mit einem stillen, vielfachen Leben, mit einem Geheimnis, in dem sich meine Person verloren und zugleich bezaubert fand; sie machten aus diesem Zimmer eine Art Kapelle, in der die Sonne, wenn sie durch die kleinen roten Scheiben fiel, die mein Onkel im oberen Teil der Fenster hatte einsetzen lassen, und nachdem sie den Weißdorn der Vorhänge rötlich gefärbt hatte, auf den Wänden so seltsame Lichtschimmer hervorrief, als ob die kleine Kapelle in ein größeres Schiff mit farbigen Fenstern eingeschlossen wäre, und in die das Läuten der Glocken infolge der großen Nähe der Kirche, mit der im übrigen an großen Festtagen die Ruhealtäre unser Haus durch einen Blumenweg verbanden, so laut drang, daß ich mir vorstellen konnte, sie würden unter unserm Dach geläutet, dicht über dem Fenster, von dem aus ich oft den sein Gebetbuch in der Hand haltenden Pfarrer grüßte, meine von der Vesper zurückkehrende Tante oder auch den

Chorknaben, der uns geweihtes Brot brachte. Was Browns Photographie des *Frühlings* von Botticelli betrifft oder die Nachahmung in Gips der *Unbekannten* aus dem Museum von Lille, die an den Wänden oder auf dem Kamin von Maples Zimmern den von William Morris der nutzlosen Schönheit zugestandenen Anteil darstellen, so muß ich gestehen, daß sie in meinem Zimmer durch eine Art Stich ersetzt waren, der den Prinzen Eugen zeigte, furchtbar und schön in seinem Dolman, ein Stich, den ich mit großem Staunen eines Nachts in einem gewaltigen Lärm von Lokomotiven und Hagel, immer noch furchtbar und schön, an der Tür eines Bahnhofsbuffets bemerkte, wo er als Reklame für eine Zwiebackspezialität diente. Ich habe heute meinen Großvater im Verdacht, daß er ihn einst infolge der Freigebigkeit eines Fabrikanten als Prämie erhalten hat und ihn dann für immer in meinem Zimmer unterbrachte. Doch damals kümmerte ich mich nicht um seine Herkunft, die mir historisch und geheimnisvoll vorkam, und ich dachte nicht, daß es mehrere Exemplare dessen geben könnte, was ich als eine Person, als einen ständigen Bewohner des Zimmers ansah, das ich mit ihm nur teilte und in dem ich ihn jedes Jahr sich selbst stets gleich wieder vorfand. Es ist jetzt lange her, daß ich ihn gesehen habe, und ich nehme an, daß ich ihn auch nicht mehr wiedersehen werde. Doch wenn mir ein solches Glück zustieße, glaube ich, daß er mir viel mehr zu sagen hätte als der *Frühling* von Botticelli. Ich überlasse es den Leuten mit Geschmack, ihre Wohnung mit den Reproduktionen von Meisterwerken zu schmücken, die sie bewundern, und ihr Gedächtnis von der Mühe zu befreien, ihnen ein kostbares Bild zu bewahren, indem sie es einem geschnitzten Holzrahmen anvertrauen. Ich überlasse es den Leuten mit Geschmack, aus ihrem Zimmer das genaue Abbild ihres Geschmacks zu machen und es nur mit Dingen anzufüllen, die er billigen kann. Was mich angeht, so fühle ich mich in einem Zimmer nur leben und denken, in dem alles die Schöpfung und der Ausdruck eines Lebens ist, das von dem meinigen zutiefst verschieden ist, und in dem alles von einem dem meinigen entgegengesetzten Geschmack ist; in dem ich nichts von meinem bewußten Denken wiederfinde; in dem meine Vorstellungskraft sich begeistert, während sie sich in den Schoß des Nicht-Ich versenkt fühlt; ich fühle mich nur glücklich, wenn ich – in der Bahnhofstraße, am Hafen oder am Marktplatz – eines jener Provinzhotels mit langen kalten Fluren betrete, wo der Wind von draußen mit Erfolg gegen die Bemühungen der Heizvorrichtung kämpft; wo die detaillierte Karte des Arrondissements noch der einzige Schmuck der Wände ist; wo jedes Geräusch nur dazu dient, die Stille hervortreten zu lassen, indem es sie von der Stelle schiebt; wo die Zimmer einen Geruch von Abgeschlossenheit haben, den die frische Luft hinausspült, aber nicht beseitigt, und den die Nüstern hundertmal einatmen, um ihn der Vorstellungskraft zuzutragen, die darüber entzückt ist und die ihn wie ein Modell posieren läßt, um zu versuchen, ihn nachzuschaffen mit allem, was er an Gedanken und Erinnerungen enthält; wo man abends, wenn man die Tür zu seinem Zimmer öffnet, das Gefühl hat, das ganze darin verstreut zurückgebliebene Leben zu vergewaltigen, es kühn in die Hand zu nehmen, wenn man, nachdem die Tür geschlossen ist, weiter bis zum Tisch oder bis zum Fenster vorwärtsgeht, sich in einer Art freier Promiskuität mit ihm auf das Kanapee zu setzen, das der Polsterer der Kreisstadt nach dem, was er für Pariser Geschmack hielt, hergestellt hat, überall an die Nacktheit dieses Lebens zu rühren, in der Absicht, sich selbst durch die eigene Vertraulichkeit zu verwirren, indem man seine Sachen hierhin und dorthin legt, indem man den Herrn in diesem von dem Wesen der andern bis zum Rand erfüllten Zimmer spielt, das bis in die Form des Feuerbocks und die Muster der Vorhänge den Abdruck ihrer Träume bewahrt hat, indem man mit bloßen Füßen über seinen unbekannten Teppich geht; man hat dann das Gefühl, dieses geheime Leben mit sich einzuschließen, wenn man sich zitternd der Tür nähert, um den Riegel vorzuschieben; es vor sich in das Bett zu stoßen und schließlich mit ihm in den großen weißen, bis übers Gesicht reichenden Bettüchern zu schlafen, während ganz in der Nähe die Kirche für die ganze Stadt die schlaflosen Stunden der Sterbenden und der Liebespaare läutet.

Ich konnte nie lange in meinem Zimmer lesen, da mußte ich in den einen Kilometer vom Dorf entfernten Park[3] gehen. Doch nach dem auferlegten Spiel kürzte ich das Ende der Nachmittagsmahlzeit ab, die in Körben mitgebracht und am Ufer des Flusses im Gras an die Kinder verteilt worden war, dort, wo auch das Buch lag, das wieder zu nehmen verboten war. Etwas weiter entfernt, in ziemlich ungepflegten und geheimnisvollen Tiefen des Parks, hörte der Fluß auf, ein gradliniger, künstlicher Wasserlauf zu sein, auf dem Schwäne schwammen und der von Wegen mit lächelnden Statuen eingefaßt war; er durcheilte, während manchmal Karpfen aus seinem Wasser sprangen, die Einfriedung des Parks und wurde zu einem Fluß im geographischen Sinn des Wortes – einem Fluß, der einen Namen haben mußte – und zögerte nicht (wirklich derselbe wie der zwischen den Statuen und unter den Schwänen?), sich zwischen die Wiesen zu ergießen, auf denen Rinder schliefen und deren Butterblumen er umspülte, Wiesen, die durch ihn ziemlich sumpfig wurden und auf der einen Seite durch unförmige Türme, die, wie man sagte, Reste aus dem Mittelalter waren, mit dem Dorf zusammenhingen und auf der anderen Seite durch ansteigende, mit Heckenrosen und Weißdornhecken bewachsene Wege bis in die »freie Natur« reichten, die sich ins Endlose erstreckte, bis zu Dörfern, die andere Namen hatten, bis ins Unbekannte. Ich ließ die andern im unteren Teil des Parks am Ufer der Schwäne ihre Mahlzeit beenden und rannte in dem Labyrinth aufwärts bis zu einer Haselhecke, wo ich mich, unauffindbar, niederließ und mich an die gestutzten Haselsträucher lehnte, von wo aus ich das Spargelfeld sah, die mit Erdbeeren bepflanzten Umrandungen, das Becken, aus dem an manchen Tagen im Kreis gehende Pferde Wasser heraufschöpften, das weiße Tor, das das obere »Ende des Parks« darstellte, und jenseits davon die Felder mit Kornblumen und Mohnblumen. In dieser Haselhecke herrschte tiefe Stille, und die Gefahr, entdeckt zu werden, war sehr klein; die Sicherheit wurde noch süßer durch die fernen Stimmen derer, die von unten vergeblich nach mir riefen, die manchmal sogar näherkamen, die ersten Böschungen heraufstiegen, überall suchten, aber schließlich wieder umkehrten, da sie mich nicht gefunden hatten; dann kein Geräusch mehr; nur von Zeit zu Zeit der goldene Ton der Glocken, die in der Ferne, jenseits der Ebenen hinter dem blauen Himmel, zu ertönen schienen und mich über die verstreichende Zeit hätten unterrichten können, doch von ihrer Sanftheit überrascht und durch das darauf folgende noch tiefere, auch von den letzten Tönen befreite Schweigen verwirrt, war ich der Schläge niemals sicher. Es waren nicht die dröhnenden Glocken, die man bei der Rückkehr ins Dorf hörte – wenn man sich der Kirche näherte, die in der Nähe wieder ihre hohe starre Gestalt angenommen hatte und ihre von Raben gepunktete Schieferhaube in das Blau des Abends reckte –, wie sie den Ton in Splittern auf dem Platz umherfliegen ließen »für die Güter der Erde«. Sie kamen nur abgeschwächt und sanft bis zum Ende des Parks, sich nicht mehr an mich richtend, sondern an alle Dörfer, an die auf ihren Feldern verstreuten Bauern, sie zwangen mich keineswegs, den Kopf zu heben, sie gingen nahe an mir vorbei, die Stunde in ferne Länder tragend, ohne mich zu sehen, ohne mich zu kennen und ohne mich zu stören.

Und manchmal schützten auch zu Hause im Bett, lange nach dem Abendessen, die letzten Stunden des Tages meine Lektüre, doch dies nur an Tagen, an denen ich die letzten Kapitel eines Buches erreicht hatte und bis zum Ende nicht mehr viel zu lesen blieb. Trotz der Gefahr einer Strafe, wenn ich entdeckt würde, und trotz der Schlaflosigkeit, die sich nach Beendigung des Buches vielleicht über die ganze Nacht hinziehen würde, zündete ich dann, nachdem meine Eltern schlafen gegangen waren, meine Kerze wieder an; während über der nahen Straße zwischen dem stumm daliegenden Haus des Büchsenmachers und der Post der dunkle und doch blaue Himmel voller Sterne war und man links über dem erhöhten Gäßchen, wo dessen sich wendender Aufstieg begann, die Apsis der Kirche ungeheuerlich und schwarz wachen fühlte, der dörflichen und historischen Kirche, deren Skulpturen in der Nacht nicht schliefen, magischer Aufenthaltsort des Lieben Gottes, des geweihten Gebäcks, der vielfarbigen Heiligen und der Damen der benachbarten Schlösser, die an den Festtagen beim Überqueren des Marktes die Hühner gakkern und die Klatschtanten gaffen ließen, wenn sie in ihren Kutschen zur Messe kamen, nicht ohne vor der Rückkehr beim Konditor auf dem Platz, unmittelbar nachdem sie den Schatten des Portals verlassen hatten, über das die Gläubigen durch das Aufstoßen der Klapptür die umherirrenden Rubine des Schiffes säten, ein paar jener turmförmigen, durch eine Markise vor der Sonne geschützten Kuchen zu kaufen – »Manqués«,

»Saint-Honorés« und »Génoises« –, deren müßiggängerischer und süßer Geruch für mich mit den Glocken des Hochamts und der Fröhlichkeit der Sonntage verbunden bleibt.[4]

Dann war die letzte Seite gelesen, das Buch war beendet. Ich mußte den eiligen Lauf der Augen anhalten und den der ihnen lautlos folgenden Stimme, der nur abbrach, um in einem tiefen Seufzer Atem zu schöpfen. Nun, um den zu lange schon in mir entfesselten Tumulten, damit sie sich beruhigen könnten, andere Bewegungen zu verschaffen, erhob ich mich und begann neben meinem Bett auf- und abzugehen, die Augen noch auf einen Punkt geheftet, den man vergeblich innerhalb oder außerhalb des Zimmers gesucht hätte, denn er lag nur in einem Abstand von der Seele, einem jener Abstände, die nicht wie die andern in Metern oder Meilen gemessen werden und die im übrigen unmöglich mit diesen verwechselt werden können, wenn man die »abwesenden« Blicke jener betrachtet, die »an etwas anderes« denken. Aber wie? das Buch war nicht mehr als das? Diese Wesen, denen man mehr von seiner Aufmerksamkeit und seiner Zärtlichkeit geschenkt hatte als den Menschen des wirklichen Lebens, ohne es immer zu wagen, sich einzugestehen, in welchem Maße man sie liebte, und sogar, wenn unsere Eltern uns beim Lesen antrafen und es aussah, als ob sie unsere Erregung belächelten, mit betonter Gleichgültigkeit oder gespielter Langeweile das Buch schließend; diese Wesen, für die man außer Atem geraten und für die man geschluchzt hatte, würde man niemals wiedersehen, man würde nichts weiter über sie erfahren. Schon seit einigen Seiten hatte der Verfasser in dem grausamen »Epilog« Sorge getragen, daß sie in größeren Abstand gerieten, und zwar mit einer Gleichgültigkeit, die unglaublich war für jemanden, der das Interesse kannte, mit dem er ihnen bis dahin

Schritt für Schritt gefolgt war. Die Verwendung jeder Stunde ihres Lebens war uns erzählt worden. Nun plötzlich: »Zwanzig Jahre nach diesen Ereignissen konnte man in den Straßen von Fougères1) einem noch ungebeugten alten Mann begegnen, usw.«[5] Und von der Hochzeit, deren beglückende Möglichkeit zu zeigen zwei Bände gebraucht worden waren, uns erst in Schrecken versetzend und dann in Freude über jedes auftauchende und überwundene Hindernis, erfahren wir durch einen beiläufigen Satz einer Nebenperson, daß sie gefeiert worden ist, wir wissen nicht recht, wann, in diesem erstaunlichen Epilog, der scheinbar von der Höhe des Himmels herab geschrieben wurde, und zwar von einer unseren eintägigen Leidenschaften gegenüber gleichgültigen Person, die sich an die Stelle des Autors gesetzt hat. Man hätte so gern gehabt, daß das Buch weiterginge und daß man, wenn dies nicht möglich war, doch weitere Auskünfte über all diese Personen erhalten und etwas über ihr Leben erfahren hätte, oder daß wir das unsere auf Dinge verwenden könnten, die nicht völ-

1) Ich gestehe, daß mancher Gebrauch des Imperfekts des Indikativs – dieser grausamen Zeit, die uns das Leben wie etwas Ephemeres und Passives zugleich darbietet, das in dem Augenblick, in dem es unsere Handlungen nachzeichnet, sie mit Illusion schlägt, sie in der Vergangenheit vernichtet, ohne uns, wie das Perfekt, den Trost der Aktivität zu lassen – für mich eine unerschöpfliche Quelle geheimnisvoller Traurigkeiten geblieben ist. Heute noch kann ich stundenlang mit Ruhe an den Tod gedacht haben, ich brauche nur einen Band der *Lundis* von Sainte-Beuve aufzuschlagen und zum Beispiel auf diesen Satz von Lamartine zu stoßen (es handelt sich um Mme d'Albany6)): »Nichts in ihr *erinnerte* in jener Zeit... Es *war* eine kleine Frau, deren Figur, die unter ihrem Gewicht etwas zusammengefallen war, usw. ...«, um mich sogleich von der tiefsten Melancholie überflutet zu fühlen. – In Romanen ist die Absicht des Autors, Schmerz zu bereiten, so sichtbar, daß man sich ein wenig mehr verhärtet.

lig ohne Beziehung zu der Liebe wären, die sie uns eingegeben hatten[1] und deren Gegenstand uns plötzlich fehlte, daß wir nicht vergeblich für ein paar Stunden Wesen geliebt hätten, die morgen nur noch ein Name auf einer vergessenen Seite sein würden, in einem Buch, das ohne Beziehung zum Leben ist und über dessen Wert wir uns sehr getäuscht hatten, da seine Bestimmung hienieden, wie wir nun begriffen und wie es uns unsere Eltern notfalls durch einen verächtlichen Satz beibrachten, keineswegs, wie wir geglaubt hatten, darin bestand, das Universum und das Schicksal zu enthalten, sondern einen sehr schmalen Platz im Bücherschrank des Notars zwischen den reizlosen Jahrgängen des *Journal de modes illustré* und der *Géographie d'Eure-et-Loir* einzunehmen.

1) Man kann es auf eine Art Umweg bei Büchern, die nicht rein fiktiv sind und bei denen es eine historische Grundlage gibt, versuchen. Balzac zum Beispiel, dessen in gewisser Beziehung unreines Werk aus Geist und ungenügend verwandelter Wirklichkeit gemischt ist, eignet sich manchmal besonders gut zu dieser Art des Lesens. Zumindest hat er den bewunderungswürdigsten dieser »historischen Leser« in M. Albert Sorel gefunden, der über *Une Ténébreuse Affaire* und *L'Envers de l'Histoire Contemporaine* unvergleichliche Essays geschrieben hat. Wie sehr scheint im übrigen das Lesen, dieser zugleich glühende und gelassene Genuß, Monsieur Sorel angemessen zu sein, diesem forschenden Geist, diesem ruhigen, mächtigen Körper, das Lesen, bei dem die tausend Empfindungen von Poesie und unbestimmtem Wohlbefinden, die sich mit Fröhlichkeit aus der Tiefe der guten Gesundheit erheben, rings um die Verträumtheit des Lesers eine honigsanfte und goldfarbene Lust schaffen. – Die Kunst, so viele originelle und tiefgreifende Überlegungen in das Lesen einzuschließen, hat Monsieur Sorel übrigens nicht anläßlich halb historischer Werke zu dieser Vollkommenheit entwickelt. Immer werde ich mich daran erinnern – und mit welcher Dankbarkeit –, daß meine Untersuchung über die *Bible d'Amiens* für ihn das Thema der kraftvollsten Seiten gewesen ist, die er vielleicht jemals geschrieben hat.[7]

. . . .

. . . Bevor ich an der Schwelle der *Schatzhäuser des Königs* zu zeigen versuche, warum nach meiner Meinung das Lesen im Leben nicht die überragende Rolle spielen sollte, die ihm Ruskin in diesem kleinen Werk zuweist, mußte ich das reizvolle Lesen in der Kindheit ausklammern, dessen Erinnerung für jeden von uns ein Segen bleiben soll. Gewiß habe ich durch die Länge und die Art der vorangehenden Schilderung nur allzusehr bewiesen, was ich zunächst von ihm gesagt hatte: daß das, was das Lesen in der Kindheit besonders in uns hinterläßt, das Bild der Orte und Tage ist, an denen wir uns ihm gewidmet haben. Ich bin seinem Zauber nicht entgangen: vom Lesen wollte ich sprechen, und ich habe von etwas ganz anderem als von Büchern gesprochen, weil es selbst nicht von ihnen gesprochen hat. Aber vielleicht haben die Erinnerungen, die es eine nach der anderen in mir erweckt hat, auch solche bei dem Leser wachgerufen und ihn allmählich dazu geführt, während er auf diesen blühenden und verborgenen Wegen verweilte, in seinem Geist den ursprünglichen psychologischen Akt wiederzuerschaffen, der *Lesen* genannt wird, und zwar mit hinreichender Kraft, so daß er jetzt wie in sich selbst den wenigen Überlegungen folgen kann, die mir noch darzulegen bleiben.

Es ist bekannt, daß *Von den Schatzhäusern des Königs* ein Vortrag über das Lesen ist, den Ruskin am 6. Dezember 1864 im Rathaus von Rusholme bei Manchester gehalten hat, um zu der Schaffung einer Bibliothek im Institut von Rusholme beizutragen. Am 14. Dezember hielt er einen zweiten, *Von den Gärten der Königin,* über die Rolle der Frau, um zur Gründung von Schulen in Ancoats beizutragen. »Während des ganzen Jahres 1864«, so sagt Mr. Collingwood in seinem bewundernswerten Buch

Life and Work of John Ruskin, »blieb er, bis auf häufige Besuche bei Carlyle, *at home.* Und als er im Dezember die Vorträge hielt, die unter dem Namen *Sesam und Lilien* sein volkstümlichstes Buch wurden[1)], können wir den besseren physischen und geistigen Gesundheitszustand an den glänzenderen Farben seines Denkens erkennen. Wir können das Echo seiner Gespräche mit Carlyle in dem heroischen, aristokratischen und stoischen Ideal wahrnehmen, das er preist, und in der Eindringlichkeit, mit der er auf den Wert der Bücher und der öffentlichen Bibliotheken zurückkommt, denn Carlyle ist der Gründer der *London Library*...«

Für uns, die wir hier die These Ruskins nur für sich selbst diskutieren wollen, ohne uns mit ihren historischen Ursachen zu beschäftigen, ist es möglich, sie ziemlich genau mit den Worten von Descartes zusammenzufassen, daß »das Lesen aller guten Bücher wie eine Unterhaltung mit den gebildetsten Leuten der vergangenen Jahrhunderte ist, die ihre Verfasser waren«[8]. Ruskin hat vielleicht diesen, im übrigen ein wenig trockenen Gedanken des französischen Philosophen nicht gekannt, aber man findet ihn in Wirklichkeit überall in seinem Vortrag wieder, eingehüllt nur in ein apollinisches Gold,

1) Das Werk wurde anschließend durch Hinzufügung eines dritten Vortrags: *Das Geheimnis des Lebens und seiner Künste,* vermehrt. Die volkstümlichen Ausgaben enthielten weiterhin nur *Von den Schatzhäusern des Königs* und *Von den Gärten der Königin.* Im vorliegenden Band haben wir nur diese beiden übersetzt, auch ohne ihnen eines der Vorworte vorausgehen zu lassen, die Ruskin für *Sesam und Lilien* schrieb. Der Umfang des Bandes und die Fülle unseres eigenen Kommentars haben uns keine Möglichkeit gelassen, besser zu verfahren. Bis auf vier von ihnen (Smith, Elder und Co.) sind die zahlreichen Ausgaben von *Sesam und Lilien* alle bei Georges Allen erschienen, dem berühmten Verleger des gesamten Werkes von Ruskin, dem Herrn von Ruskin House.

in dem die englischen Nebel zerschmelzen, gleich jenem, dessen Glanz die Landschaften seines Lieblingsmalers[9] erleuchtet. »Angenommen«, so sagt er, »wir hätten den Willen und die Klugheit, unsere Freunde richtig zu wählen; wie wenige von uns haben aber die Macht, wie begrenzt ist der Bereich unserer Wahl. Wir können nicht kennenlernen, wen wir möchten... Wir können durch einen Glücksfall einen großen Dichter kurz sehen und den Klang seiner Stimme hören, oder einem Mann der Wissenschaft eine Frage stellen, auf die er uns freundlich antwortet. Wir können ein Gespräch von zehn Minuten im Kabinett eines Ministers erreichen oder einmal im Leben das Privileg haben, den Blick einer Königin auf uns zu ziehen. Und doch begehren wir diese flüchtigen Zufälle, wir verwenden unsere Jahre und unsere Leidenschaften und Fähigkeiten auf die Verfolgung von noch weniger, während es diese ganze Zeit hindurch eine Gesellschaft von Leuten gibt, die uns ständig offensteht, von Leuten, die zu uns sprechen würden, so lange wir es nur wünschten, welches auch unser Rang sein mag. Und diese Gesellschaft wird, weil sie so zahlreich und so liebenswürdig ist und wir sie einen ganzen Tag in unserer Nähe warten lassen können – Könige und Staatsmänner, die geduldig warten, nicht um eine Audienz zu gewähren, sondern um sie zu erhalten –, niemals von uns in den einfach möblierten Vorzimmern gesucht, die die Regale unserer Bibliotheken bilden, wir hören niemals ein Wort von dem, was sie uns zu sagen hätten.«[1)] »Vielleicht werden Sie mir erwidern«, fügt Ruskin hinzu, »daß Sie sich lieber mit Lebenden unterhalten, weil Sie deren Gesichter sehen« usw., und indem er diesen ersten Einwand, dann einen zweiten zurückweist, zeigt er, daß das Lesen gerade eine Unterhaltung mit sehr viel weise-

1) *Sesam und Lilien, Von den Schatzhäusern des Königs,* §6.

ren und interessanteren Menschen ist, als es jene sind, die wir in unserer Umgebung kennenlernen können. Ich habe versucht, in den Anmerkungen, mit denen ich diesen Band versehen habe, zu zeigen, daß das Lesen nicht auf solche Weise mit einer Unterhaltung gleichgesetzt werden kann, sei es auch eine mit dem allerklügsten Menschen, und daß der wesentliche Unterschied zwischen einem Buch und einem Freund nicht ihre mehr oder weniger große Klugheit ist, sondern die Art und Weise, in der man mit ihnen verkehrt, da das Lesen im Gegensatz zur Unterhaltung für jeden von uns darin besteht, die Übermittlung eines andern Denkens entgegenzunehmen, wobei man jedoch allein bleibt, das heißt fortfährt, weiter die intellektuelle Kraft zu genießen, über die man in der Einsamkeit verfügt, die aber bei einer Unterhaltung unverzüglich zerstreut wird, und weiter inspiriert werden kann, weiter in fruchtbarer Einwirkung des Geistes auf sich selbst verharrt. Wenn Ruskin die Folgerung aus anderen Wahrheiten gezogen hätte, die er ein paar Seiten danach ausspricht, wäre er wahrscheinlich zu einer der meinen ähnlichen Schlußfolgerung gelangt. Doch offensichtlich hat er nicht versucht, in das Herz der Idee des *Lesens* vorzudringen. Um uns den Wert des Lesens zu lehren, hat er uns nur so etwas wie einen schönen platonischen Mythos erzählen wollen, mit jener Einfachheit der Griechen, die uns ungefähr alle wahren Ideen gezeigt, es aber der modernen Gewissenhaftigkeit überlassen haben, sie zu vertiefen. Aber wenn ich glaube, daß das Lesen in seinem ursprünglichen Wesen, in diesem fruchtbaren Wunder einer Kommunikation im Herzen der Einsamkeit, etwas mehr und etwas anderes ist, als Ruskin gesagt hat, glaube ich trotzdem nicht, daß man ihm in unserm geistigen Leben die überragende Rolle zuerkennen kann, die er ihm zuzuweisen scheint.

Die Grenzen seiner Rolle leiten sich aus dem Wesen seiner Tugenden ab. Und abermals werde ich die Kindheitslektüren danach befragen, worin diese Tugenden bestehen. Das Buch, das Sie mich vorhin vor dem Kamin im Eßzimmer, in meinem Zimmer, in der Tiefe eines mit einem gehäkelten Deckchen geschützten Sessels und während der schönen Stunden des Nachmittags unter den Haselsträuchern und Weißdornhecken des Parks, wo die Düfte der endlosen Felder von weit herkamen und mich lautlos umspielten, meinen zerstreuten Nüstern wortlos den Geruch des Klees und des Steinbrechs zutragend, zu denen ich manchmal meine ermüdeten Augen erhob, haben lesen sehen, das Buch, dessen Titel Ihre Augen, wenn Sie sich zu ihm niederbeugen aus einem Abstand von zwanzig Jahren, nicht entziffern könnten, mein Gedächtnis, dessen Blick dieser Art von Wahrnehmungen angepaßter ist, wird Ihnen verraten, wie es hieß: *Kapitän Fracasse*[10] von Théophile Gautier. Ich liebte darin über alles zwei, drei Sätze, die mir als die originellsten und schönsten des ganzen Werkes erschienen. Ich konnte mir nicht vorstellen, daß ein anderer Autor jemals vergleichbare geschrieben hätte. Doch hatte ich das Gefühl, daß ihre Schönheit einer Wirklichkeit entsprach, von der Théophile Gautier uns nur ein oder zweimal pro Band einen kleinen Zipfel sehen ließ. Und da ich glaubte, daß er sie gewiß voll und ganz kannte, hätte ich gern andere Bücher von ihm gelesen, in denen alle Sätze so schön wären wie diese und die Dinge zum Gegenstand hätten, über die ich gern seine Meinung erfahren hätte. »Das Lachen ist keineswegs seiner Natur nach grausam; es unterscheidet den Menschen vom Tier, und es ist, so wie es aus der *Odyssee* von Homerus, dem griechischen Dichter, hervorgeht, das Erbteil der unsterblichen und glücklichen Götter, die während der Muße der Ewigkeit auf olympische Weise nach Herzenslust lachen.«[1)] (»Le rire n'est point cruel de sa nature; il distingue l'homme de la bête, et il est, ainsi qu'il appert en l'*Odyssée* d'Homerus, poète grégeois, l'apanage des dieux immortels et bienheureux qui rient olympiennement tout leur saoul durant les loisirs de l'éternité.«) Dieser Satz versetzte mich in eine wahre Trunkenheit. Ich glaubte durch dieses Mittelalter hindurch, das Gautier allein mir enthüllen konnte, eine wunderbare Antike zu sehen. Aber ich hätte gern gehabt, daß er, statt es flüchtig nach der langweiligen Beschreibung eines Schlosses zu sagen, das ich mir wegen der übergroßen Zahl unbekannter Begriffe nicht im geringsten vorstel-

1) In Wirklichkeit findet sich dieser Satz nicht in *Kapitän Fracasse,* wenigstens nicht in dieser Form. Statt »so wie es aus der *Odyssee* von Homerus, dem griechischen Dichter, hervorgeht«, heißt es einfach »nach Homerus«. Da aber die Wendungen »es geht aus Homerus hervor«, »es geht aus der *Odyssee* hervor« (»il appert d'Homerus«, »il appert de l'*Odyssée*«), die sich an anderer Stelle in dem Werk befinden, mir ein gleiches Vergnügen verursachten, habe ich mir erlaubt, damit das Beispiel für den Leser noch überzeugender sei, all diese Schönheiten in eine zu verschmelzen, heute, da ich vor ihnen in Wahrheit nicht mehr die religiöse Achtung habe wie einst. An einer anderen Stelle im *Kapitän Fracasse* wird Homerus als griechischer Dichter (»poète grégeois«) qualifiziert, und ich bezweifle nicht, daß auch das mich entzückte. Doch bin ich nicht mehr fähig, mit hinreichender Genauigkeit die vergessenen Freuden wiederzufinden, um gewiß zu sein, nicht durch Anhäufung so vieler Wunder in einem einzigen Satz übertrieben und das Maß überschritten zu haben![11] Doch ich glaube es nicht. Und ich denke mit Bedauern, daß die Verzückung, mit der ich den Satz aus dem *Kapitän Fracasse* den Schwertlilien und dem sich am Ufer des Flusses neigenden Immergrün wiederholte, während ich mit den Füßen auf den Kies des Weges stampfte, noch köstlicher gewesen wäre, wenn ich in einem einzigen Satz Gautiers so viele seiner Reize hätte finden können, wie sie mein eigener Kunstgriff heute vereinigt, ohne daß es ihm allerdings gelänge, mir irgendein Vergnügen zu verschaffen.

len konnte, das ganze Buch hindurch Sätze dieser Art schriebe und mir von Dingen erzählte, die ich nach Beendigung seines Buches hätte weiter kennenlernen und lieben können. Ich hätte gern gehabt, daß er mir sage, was ich nun eigentlich von Shakespeare zu denken hätte, von Saintine [12], von Sophokles, Euripides oder Silvio Pellico[13], den ich während eines sehr kalten Märzes gelesen hatte, jedesmal, wenn ich das Buch geschlossen hatte, umherlaufend, in der Erregung über die beendete Lektüre mit den Füßen stampfend und mit den in der Unbeweglichkeit des Lesens angestauten Kräften über die Wege rennend, in dem gesunden Wind, der durch die Straßen des Dorfes blies. Ich hätte vor allem gewünscht, daß er mir sagte, ob ich mehr Aussichten hätte, zur Wahrheit zu gelangen, wenn ich meine Sexta wiederholte oder nicht, und wenn ich später Diplomat würde oder Rechtsanwalt am Kassationshof. Doch unmittelbar nach dem Ende des schönen Satzes begann er einen Tisch zu beschreiben, der »mit einer solch dicken Staubschicht bedeckt war, daß man mit dem Finger hätte Buchstaben darauf schreiben können«, etwas in meinen Augen allzu Unbedeutendes, als daß meine Aufmerksamkeit dabei auch nur hätte verweilen können; ich war darauf angewiesen, mich zu fragen, welche anderen Bücher Gautiers mein Begehren besser befriedigen und mich endlich sein ganzes Denken kennenlernen lassen würden.

Und es ist tatsächlich eine der großen und wunderbaren Eigenschaften der schönen Bücher (die uns die zugleich wesentliche und begrenzte Rolle erkennen läßt, die das Lesen in unserm geistigen Leben spielen kann), daß sie für den Autor »Schlußfolgerungen«, für den Leser jedoch »Anreize« heißen können. Wir spüren genau, daß unsere Weisheit dort beginnt, wo die des Autors endet, und wir möchten, daß er uns Antworten gibt, während er uns doch nur Wünsche geben kann. Und diese Wünsche kann er nur in uns erwecken, indem er uns die erhabenste Schönheit betrachten läßt, die zu erreichen ihm die höchste Anstrengung seiner Kunst ermöglicht hat. Doch durch ein merkwürdiges und im übrigen vom Schicksal gewolltes Gesetz der Optik des Geistes (ein Gesetz, das vielleicht bedeutet, daß wir die Wahrheit von niemandem erhalten können, daß wir sie selbst schaffen müssen) erscheint uns das Ende ihrer Weisheit nur als der Anfang der unsrigen, so daß sie in dem Augenblick, da sie uns alles gesagt haben, was sie uns sagen konnten, in uns das Gefühl entstehen lassen, uns noch gar nichts gesagt zu haben. Wenn wir ihnen im übrigen Fragen stellen, auf die sie nicht antworten können, bitten wir sie auch um Antworten, die uns nichts lehren würden. Denn es ist eine Auswirkung der Liebe, die die Dichter in uns erwecken, daß wir eine wörtliche Bedeutung mit Dingen verbinden, die für sie nur aus persönlichen Empfindungen bedeutungsvoll sind. In jedem Bild, das sie uns zeigen, scheinen sie uns nur einen flüchtigen Anblick einer wunderbaren, sich von der übrigen Welt unterscheidenden Landschaft zu geben, in deren Herz wir mit ihrer Hilfe eindringen möchten. »Führen Sie uns«, möchten wir zu Monsieur Maeterlinck oder Madame de Noailles sagen können, »führen Sie uns in den Garten von Zeeland, wo die altmodischen Blumen wachsen«[14], auf die Straße, die »nach Klee und Beifuß duftet, und an all die Orte der Erde, von denen Sie uns nicht in Ihren Büchern erzählt haben, doch die Sie für ebenso schön halten wie diese«[15]. Wir möchten das Feld sehen, das uns Millet (denn die Maler unterweisen uns auf die Weise der Dichter) in seinem *Frühling*[16] zeigt, wir möchten, daß Monsieur Claude Monet uns nach Giverny[17] ans Ufer der Seine führt, an die Biegung des Flusses, die er uns durch den Morgennebel hindurch kaum erkennen läßt. Doch in Wirklichkeit sind es reine

Zufälle der Bekanntschaften oder Verwandtschaft, die dadurch, daß sie Madame de Noailles, Maeterlinck, Millet oder Claude Monet die Möglichkeit gaben, sich bei ihnen aufzuhalten, diese veranlaßten, jene Straße, jenen Garten, jenes Feld oder jene Flußbiegung statt einer anderen zu malen. Was sie uns anders und schöner als die übrige Welt erscheinen läßt, ist, daß sie auf ihrer Oberfläche wie einen ungreifbaren Reflex den Eindruck tragen, den sie auf das Genie gemacht haben und den wir ebenso einzigartig und ebenso despotisch über der gleichgültigen und ergebenen Oberfläche aller Landschaften spielen sehen würden, die von ihm gemalt worden wären. Dieser äußere Schein, mit dem sie uns bezaubern und enttäuschen und über den wir hinausgelangen möchten, ist das eigentliche Wesen dieser gewissermaßen keine Dichte besitzenden Sache – eine auf einer Leinwand festgehaltene Fata Morgana –, die die Wahrnehmung ausmacht. Und der Nebel, den unsere begierigen Augen durchdringen möchten, ist das letzte Wort der Kunst des Malers. Der höchsten Anstrengung des Schriftstellers wie des Künstlers gelingt es nur zum Teil, den Schleier der Häßlichkeit und Bedeutungslosigkeit zu lüften, der uns ohne Wißbegierde gegenüber dem Universum läßt. In solchen Augenblicken sagt er uns: »Schau, schau,

Parfumés de trèfle et d'armoise,
Serrant leurs vifs ruisseaux étroits
Les pays de l'Aisne et de l'Oise.«

Duftend von Klee und Beifuß
Seine flinken, schmalen Bäche an sich drückend
Das Land der Aisne und der Oise.

Schau das Haus in Zeeland, rosa und leuchtend wie eine

Muschel. Schau! Lerne zu sehen!« Und in diesem Augenblick verschwindet es. Das ist der Wert des Lesens, und das ist auch seine Unvollkommenheit. Es hieße dem, was nur ein Anreiz ist, eine zu große Bedeutung geben, wenn man daraus eine Disziplin machte. Das Lesen liegt an der Schwelle des geistigen Lebens; es kann uns darin einführen, aber es ist nicht dieses Leben.

Es gibt jedoch gewisse Fälle, gewisse sozusagen pathologische Fälle geistiger Depression, bei denen das Lesen eine Art heilende Disziplin werden und beauftragt sein kann, durch wiederholte Anreize einen trägen Geist ständig wieder in das Leben des Geistes zurückzuführen. Die Bücher spielen dann bei ihm eine Rolle, die der der Psychotherapeuten bei manchen Neurasthenikern gleichkommt.[18]

Es ist bekannt, daß bei manchen Leiden des Nervensystems der Kranke, ohne daß irgendeines seiner Organe selbst betroffen wäre, wie versunken ist in der Unmöglichkeit, etwas zu wollen, daß er wie in einem tiefen ausgefahrenen Geleise steckt, aus dem er sich nicht selbst befreien kann und in dem er umkommen würde, wenn sich ihm nicht eine kraftvolle helfende Hand entgegenstreckte. Sein Gehirn, seine Beine, seine Lungen, sein Magen sind in Ordnung. Es liegt keinerlei wirkliches Unvermögen vor zu arbeiten, zu gehen, Kälte zu ertragen oder zu essen. Doch diese verschiedenen Tätigkeiten, die er sehr wohl ausführen könnte, vermag er nicht zu wollen. Ein organischer Verfall, der schließlich das Äquivalent der Krankheiten sein würde, die er nicht hat, wäre die unheilbare Folge der Trägheit seines Willens, wenn der Antrieb, den er in sich selbst nicht finden kann, nicht von außen käme, von einem Arzt, der für ihn will, und zwar bis zu dem Tag, da seine verschiedenen organischen Willenskräfte wieder eingeübt sind. Nun gibt es manche Geister, die man mit jenen Kranken vergleichen könnte, denn eine Art Trägheit[1)] oder Frivolität hindert sie, spontan in die tieferen Regionen ihres Selbst hinabzusteigen, wo das wirkliche Leben des Geistes beginnt. Nicht, daß sie, wenn man sie erst einmal dorthin geführt hätte, unfähig wären, auch wirkliche Reichtümer dort zu entdecken und auszubeuten, aber ohne diesen fremden Einfluß leben sie an der Oberfläche in einem ständigen Vergessen ihrer selbst, in einer Art Pas-

1) Ich spüre sie im Keim bei Fontanes[19], von dem Sainte-Beuve gesagt hat: »Der epikuräische Zug war bei ihm sehr stark entwikkelt... ohne diese etwas materialistischen Gewohnheiten hätte Fontanes bei seinem Talent viel mehr hervorgebracht... und viel dauerhaftere Werke.«[20] Bekanntlich behauptet der Impotente immer, daß er nicht impotent sei. Fontanes schreibt:

> *Je perds mon temps s'il faut les croire,*
> *Eux seuls du siècle sont l'honneur*

> Ich vertue meine Zeit, wenn ich ihnen glauben soll,
> Nur sie allein sind die Ehre des Jahrhunderts

und versichert, daß er sehr viel arbeite.

Der Fall von Coleridge ist schon pathologischer. »Kein Mensch seiner Zeit und vielleicht überhaupt keiner Zeit«, sagt Carpenter (zitiert von Monsieur Ribot[21] in seinem schönen Buch über die Krankheiten des Willens), »hat mehr als Coleridge die Kraft des Verstandes eines Philosophen und die Phantasie eines Dichters in sich vereint... Und doch gibt es niemanden, der bei Begabung mit so hervorragenden Talenten weniger Nutzen daraus gezogen hätte: der große Mangel seines Charakters war, daß ihm der Wille fehlte, um seine natürlichen Gaben zu nutzen, so daß er, obwohl ihm ständig gigantische Projekte vorschwebten, niemals ernsthaft versucht hat, auch nur ein einziges auszuführen. Er fand zum Beispiel zu Beginn seiner Laufbahn einen großzügigen Verleger, der ihm dreißig Guineen für Gedichte versprach, die er vorgetragen hatte, ... doch kam er lieber jede Woche betteln, als eine einzige Zeile des Gedichts zu liefern, das er nur hätte aufzuschreiben brauchen, um sich zu befreien.«

sivität, die sie zum Spielzeug aller Vergnügungen macht, sie auf das Maß der sie umgebenden Menschen verkleinert und sie in Bewegung hält, und gleich jenem Edelmann, der seit seiner Kindheit das Leben von Strauchdieben teilte und sich nicht mehr an seinen Namen erinnerte, weil er ihn schon so lange nicht mehr benutzt hatte, würden sie schließlich in sich jede Empfindung für ihren geistigen Adel und jede Erinnerung daran zerstören, wenn sie nicht durch einen von außen kommenden Impuls gewissermaßen gewaltsam wieder in das Leben des Geistes zurückgeführt würden, in welchem sie plötzlich die Kraft wiederfinden, aus sich selbst heraus zu denken und zu schaffen. Diesen Impuls nun, den der träge Geist nicht in sich selbst finden kann und der von anderen kommen muß, kann er natürlich nur im Schoße der Einsamkeit empfangen, außerhalb derer, wie wir gesehen haben, sich diese schöpferische Tätigkeit nicht vollziehen kann, die es gerade in ihm wieder zum Leben zu erwecken gilt. Die reine Einsamkeit könnte dem trägen Geist nichts nützen, weil er unfähig ist, von sich selbst aus seine schöpferische Tätigkeit in Bewegung zu setzen. Doch auch die anspruchsvollste Unterhaltung, die drängendsten Ratschläge wären vergeblich, da sie diese selbständige Tätigkeit nicht auf direkte Weise hervorrufen können. Erforderlich ist also ein Eingreifen, das sich, obwohl es von einem anderen ausgeht, doch in uns selbst vollzieht, ist also der von einem anderen Geist ausgehende Impuls, der aber in der Einsamkeit empfangen wird. Nun haben wir gesehen, daß das gerade die Definition des Lesens ist und daß sie allein auf das Lesen zutrifft. Die einzige Disziplin, die einen günstigen Einfluß auf solche Geister ausüben kann, ist also das Lesen: was zu beweisen war, wie die Mathematiker sagen. Doch auch da noch wirkt das Lesen nur in der Weise eines Anreizes, der in nichts unsere persönliche

Tätigkeit ersetzen kann; es beschränkt sich darauf, uns deren Gebrauch zurückzugeben, so wie der Psychotherapeut bei den nervösen Leiden, die wir vorhin erwähnt haben, nichts anderes tut, als dem Kranken den Willen zurückzugeben, sich seines an sich gesunden Magens, seiner Beine oder seines Gehirns wieder zu bedienen. Im übrigen mögen durchaus alle Geister mehr oder weniger an dieser Trägheit, an diesem Verharren in den unteren Regionen teilhaben, möge auch die auf manche Lektüre folgende Begeisterung eine fördernde Wirkung auf die persönliche Arbeit haben, ohne ihr doch nötig zu sein, man zitiert das Beispiel von mehr als einem Schriftsteller, der es liebte, ein paar schöne Seiten zu lesen, bevor er sich an seine Arbeit machte. Emerson begann selten zu schreiben, ohne vorher ein paar Seiten von Plato zu lesen, und Dante ist nicht der einzige Dichter, den Virgil bis an die Schwelle des Paradieses geführt hat.

Solange das Lesen für uns der Initiator ist, dessen Zauberschlüssel uns in der Tiefe unseres Selbst das Tor zu Räumen öffnet, in die wir sonst nicht einzudringen vermocht hätten, ist seine Rolle in unserm Leben heilsam. Gefährlich dagegen wird das Lesen, wenn es, statt uns für das persönliche Leben des Geistes wach zu machen, versucht, sich an dessen Stelle zu setzen; wenn die Wahrheit uns nicht mehr als ein Ideal erscheint, das wir nur durch das innere Fortschreiten unseres Denkens und durch die Bemühung unserer Seele verwirklichen können, sondern als etwas Materielles, das auf den Seiten der Bücher abgelagert ist wie ein von andern fertig zubereiteter Honig, den wir nur aus den Regalen der Bibliothek zu nehmen und dann passiv in vollkommener Ruhe des Körpers und des Geistes zu verzehren brauchen. Manchmal, in einigen besonderen Fällen, die im übrigen, wie wir sehen werden, weniger gefährlich sind, ist die ebenfalls als äußerlich aufgefaßte Wahrheit an einem fernen Ort versteckt, zu dem der Zugang schwierig ist. Es handelt sich dann um irgendein verborgenes Dokument, um noch unveröffentlichte Briefe oder Memoiren, die ein unerwartetes Licht auf manche Charaktere werfen können, zu denen man jedoch nur schwer Zugang hat. Welch ein Glück und welch eine Beruhigung für einen Geist, der müde ist, die Wahrheit in sich selbst zu suchen, wenn er sich sagen kann, daß sie außerhalb von ihm liegt, daß sie auf den Blättern eines Folianten steht, der eifersüchtig in einem Kloster in Holland gehütet wird, und daß, wenn man sich die Mühe geben muß, um bis zu ihr vorzudringen, diese Mühe doch ganz materieller Natur und für den Geist eine reizvolle Entspannung sein wird. Gewiß wird man eine lange Reise machen müssen[22], wird in einem Marktschiff die weiten, unter dem Wind seufzenden Ebenen durchqueren müssen, während sich an den Ufern das Schilf in endlosen Wellenbewegungen neigt und wieder hebt; man wird in Dordrecht anhalten müssen, das seine efeubewachsene Kirche in den Windungen der schlafenden Kanäle spiegelt und in der zitternden, goldenen Maas, auf der des Abends die vorübergleitenden Schiffe die aufgereihten Spiegelbilder der roten Dächer und des blauen Himmels stören; und am Ende der Reise wird man immer noch nicht sicher sein, ob man die Wahrheit auch gewinnt. Man wird dazu mächtige Verbindungen spielen lassen müssen und wird sich mit dem verehrungswürdigen Erzbischof von Utrecht mit dem schönen, kantigen Gesicht eines ehemaligen Jansenisten sowie dem frommen Hüter der Archive von Amersfoort verbünden müssen. In solchen Fällen ist die Eroberung der Wahrheit wie der Erfolg einer Art diplomatischer Mission aufzufassen, bei der weder die Mühen der Reise noch die Zufälligkeiten der Verhandlung gefehlt haben. Doch was tut es? All die

Mitglieder der kleinen alten Kirche von Utrecht, von deren gutem Willen es abhängt, ob wir in den Besitz der Wahrheit gelangen, sind reizende Leute, deren aus dem 17. Jahrhundert stammende Gesichter eine Abwechslung zu den gewohnten Gesichtern bilden und mit denen auch weiterhin – wenigstens durch Briefe – in Verbindung zu bleiben, so amüsant wäre. Die Achtung, die sie uns von Zeit zu Zeit brieflich bekunden, würde uns in unseren eigenen Augen erhöhen, und ihre Briefe würden wir wie ein Zeugnis und wie etwas Sehenswertes aufbewahren. Wir würden nicht verfehlen, ihnen eines Tages eines unserer Bücher zu widmen, was wohl das mindeste ist, was man für Leute tun kann, von denen man als Geschenk... die Wahrheit erhalten hat. Und was die kurze Arbeit, die wenigen Nachforschungen betrifft, die wir in der Bibliothek des Klosters auszuführen haben und die die unerläßlichen Vorbereitungen zum Akt der Besitzergreifung der Wahrheit sind – der Wahrheit, die wir vorsichtshalber, damit sie uns nicht entflieht, schriftlich notieren –, so stünde es uns schlecht an, uns über die Mühe zu beklagen, die sie uns machen könnten: die Ruhe und die Kühle sind so köstlich in dem alten Kloster, wo die Nonnen noch die hohen Hauben mit den weißen Flügeln tragen wie auf dem Roger van der Weyden im Sprechsaal; und während wir arbeiten, betäubt das Glockenspiel aus dem 17. Jahrhundert so zärtlich das naive Wasser des Kanals, das schon durch ein bißchen blasse Sonne zwischen der doppelten Reihe der bereits Ende des Sommers kahlen Bäume, die die Spiegel der Giebelhäuser auf beiden Ufern streifen, zum Glitzern gebracht wird[1)].

1) Ich brauche nicht zu sagen, daß es vergeblich wäre, dieses Kloster bei Utrecht zu suchen, und daß diese ganze Passage reine Phantasie ist. Doch bin ich dazu durch die folgenden Zeilen von Monsieur Léon Séché in seinem Werk über Sainte-Beuve angeregt

Diese Auffassung von einer Wahrheit, die stumm ist für den Ruf des Nachdenkens, aber gefügig dem Spiel der Einflüsse, von einer Wahrheit, in deren Besitz man durch Empfehlungsschreiben gelangt und die uns jemand in die Hände gibt, der sie in Besitz hatte, ohne sie vielleicht auch nur zu kennen, von einer Wahrheit, die sich in ein Heft abschreiben läßt, diese Auffassung von der Wahrheit ist jedoch keineswegs die gefährlichste von allen. Denn sehr oft ist für den Historiker, selbst für den Gelehrten diese Wahrheit, die sie fern in einem Buch suchen, strenggenommen weniger die Wahrheit selbst als ihr Indiz oder ihr Beweis, die infolgedessen Platz für eine andere, von ihr nur angezeigte oder nachgewiesene

worden: »Während er (Sainte-Beuve) in Lüttich war, kam er eines Tages auf den Gedanken, mit der kleinen Kirche von Utrecht Rücksprache zu nehmen. Es war ein bißchen spät, doch Utrecht war recht weit von Paris entfernt, und ich weiß nicht, ob *Volupté* genügt hätte, ihm die Tür zu den Archiven von Amersfoort zu öffnen. Ich bezweifle es ein bißchen, denn selbst nach den ersten beiden Bänden seines *Port Royal* ließ der fromme Gelehrte, der damals diese Archive hütete... Sainte-Beuve erhielt mit Mühe von dem guten Monsieur Karsten die Erlaubnis, einige Mappen kurz zu öffnen... Schlagen Sie die zweite Auflage von *Port Royal* auf, und Sie werden die Dankbarkeit erkennen, die Sainte-Beuve Monsieur Karsten bezeugte.« (Léon Séché, *Sainte-Beuve*, Band I. S. 229 u. f.) Was die Einzelheiten der Reise betrifft, so beruhen sie alle auf wahren Eindrücken. Ich weiß nicht, ob man über Dordrecht fährt, wenn man nach Utrecht reist, aber ich habe Dordrecht so beschrieben, wie ich es gesehen habe. Allerdings bin ich nicht auf einer Reise nach Utrecht, sondern auf dem Weg nach Vollendam mit dem Marktschiff zwischen dem Schilf hindurchgefahren. Der Kanal, den ich nach Utrecht verlegt habe, befindet sich in Delft. Ich habe im Hospiz von Beaune einen van der Weyden gesehen und auch die Nonnen eines, wie ich glaube, aus Flandern stammenden Ordens, die noch dieselben Hauben tragen, nicht wie auf dem Roger van der Weyden, sondern wie auf andern Bildern, die ich in Holland gesehen habe.

Wahrheit läßt, die selbst wenigstens eine individuelle Schöpfung ihres Geistes ist. So verhält es sich jedoch nicht bei dem Literaturliebhaber. Er liest, um zu lesen, um zu behalten, was er gelesen hat. Für ihn ist das Buch nicht der Engel, der unverzüglich entfliegt, sobald er die Tore des himmlischen Gartens geöffnet hat, sondern ein regloses Idol, das er um seiner selbst willen anbetet, das, statt eine wahre Würde durch die Gedanken zu erhalten, die es erweckt, eine künstliche Würde allem mitteilt, das es umgibt. Der Literaturliebhaber verweist zur Ehre eines bestimmten Namens lächelnd darauf, daß er sich bei Villehardouin[23] oder bei Boccaccio[1)] findet, und zugunsten eines bestimmten Gebrauchs, daß er von Virgil beschrieben wurde. Sein aller selbständigen Tätigkeit barer Geist weiß aus den Büchern nicht die Substanz herauszulösen, die ihn stärker machen könnte; er belastet sich mit ihrer unversehrten Form, die, statt ein assimilierbares Element, ein lebendiges Prinzip für ihn zu sein, nur ein Fremdkörper, ein tödliches Prinzip ist. Brauche ich noch zu sagen, daß ich, wenn ich diese Vorliebe und diesen fetischistischen Respekt vor Büchern als ungesund qualifiziere, es im Vergleich zu den idealen

1) Der reine Snobismus ist unschuldiger. Sich in der Gesellschaft eines Menschen zu gefallen, weil dieser einen Vorfahren gehabt hat, der an den Kreuzzügen teilnahm, ist Eitelkeit, die Intelligenz hat damit nichts zu tun. Doch sich in der Gesellschaft eines Menschen zu gefallen, weil der Name seines Großvaters oft bei Alfred de Vigny oder bei Chateaubriand vorkommt, oder (eine, wie ich gestehe, für mich wirklich unwiderstehliche Verführung) das Wappen seiner Familie (es handelt sich um eine Frau, die sehr wohl würdig ist, auch ohne das bewundert zu werden) in der großen Rosette von Notre Dame d'Amiens zu haben, da beginnt wahrhaftig die intellektuelle Sünde. Ich habe sie im übrigen allzu ausführlich an anderer Stelle analysiert, wenngleich mir noch viel darüber zu sagen bliebe, um hier noch ausführlich darauf eingehen zu müssen.[24]

Gewohnheiten eines fehlerlosen Geistes tue, den es nicht gibt, und so wie es die Physiologen machen, die die Arbeitsweise eines normalen Organs beschreiben, das bei den lebenden Wesen so kaum vorkommt. In der Wirklichkeit dagegen, in der es nicht mehr vollkommene Geister gibt als vollkommen gesunde Körper, sind auch jene, die wir die großen Geister nennen, ebenso wie die andern von der *literarischen Krankheit* befallen. Mehr als die andern, könnte man sogar sagen. Es scheint, daß der Geschmack an Büchern zusammen mit der Intelligenz wächst, zwar etwas unterhalb von ihr, doch auf demselben Zweig, so wie jede Leidenschaft von einer Vorliebe für die Umgebung ihres Gegenstandes begleitet wird, für das, was in Beziehung zu ihm steht und in seiner Abwesenheit noch von ihm spricht. Daher gefällt es den großen Schriftstellern in Stunden, in denen sie nicht in direkter Verbindung mit dem Denken stehen, in der Gesellschaft der Bücher. Und sind sie denn nicht auch gerade für sie geschrieben worden? Enthüllen sie ihnen nicht tausend Schönheiten, die dem Gewöhnlichen verborgen bleiben? Im Grunde beweist die Tatsache, daß überlegene Geister das sind, was man als »buchgelehrsam« bezeichnen könnte, keineswegs, daß es nicht ein Fehler ist, es zu sein. Aus dem Umstand, daß mittelmäßige Menschen oft arbeitsam sind und die intelligenten oft faul, kann man nicht schließen, daß Arbeit für den Geist nicht eine bessere Disziplin sei als Faulheit. Trotzdem macht uns der Umstand, bei einem großen Mann auf einen unserer Fehler zu treffen, immer geneigt, uns zu fragen, ob das nicht im Grunde eine verkannte gute Eigenschaft sei, und wir erfahren nicht ohne Freude, daß Hugo Quintus Curtius, Tacitus und Justinus auswendig kannte und daß er, wenn man in seiner Gegenwart die Richtigkeit eines Ausdrucks anzweifelte, in der Lage war, dessen Herkunft bis zu den Ursprüngen durch Zitate zu belegen, die von einer wahren Gelehrsamkeit zeugten.[1] (Ich habe an anderer Stelle gezeigt[25], wie diese Gelehrsamkeit bei ihm das Genie nährte und nicht erstickte, gleich einem Reisigbündel, das zwar ein kleines Feuer auslöscht, ein großes aber auflodern läßt.) Maeterlinck, der für uns das Gegenteil eines Literaturliebhabers ist, dessen Geist ständig den tausend anonymen Empfindungen offensteht, die von einem Bienenkorb, einem Gartenbeet oder einer Wiese ausgehen, beruhigt uns sehr über die Gefahren der Gelehrsamkeit, sogar fast der Bibliophilie, wenn er uns als Liebhaber die Stiche beschreibt, die eine alte Ausgabe von Jacob Cats oder des Abbé Sanderus[26] schmücken. Diese Gefahren, falls es sie gibt, die im übrigen viel weniger die Intelligenz als die Sensibilität, die Fähigkeit zu nutzbringendem Lesen, wenn man so sagen kann, bedrohen, ist bei Denkern viel größer als bei imaginativen Schriftstellern. Schopenhauer zum Beispiel bietet uns das Bild eines Geistes, dessen Vitalität mit Leichtigkeit die gewaltigste Lektüre trägt, wobei jede neue Kenntnis unverzüglich auf das Stück Wirklichkeit, den Anteil an Lebendigem reduziert wird, das sie enthält.

Schopenhauer äußert niemals eine Meinung, ohne sie sogleich durch mehrere Zitate zu stützen, doch man spürt, daß die zitierten Texte für ihn nur Beispiele sind, unbewußte und vorausnehmende Anspielungen, in denen es ihm beliebt, Züge seines eigenen Denkens wiederzufinden, die ihn jedoch keineswegs erst angeregt haben. Ich erinnere mich an eine Stelle aus *Die Welt als Wille und Vorstellung*, in der vielleicht zwanzig Zitate aufeinander folgen. Es handelt sich um den Pessimismus (natürlich kürze ich die Zitate ab): »Wie gegen

1) Paul Stapfer: Souvenirs sur Victor Hugo, erschienen in der *Revue de Paris.*

den Optimismus Voltaire im *Candide* den Krieg in seiner scherzhaften Manier führt, so hat es in seiner ernsten und tragischen Byron getan in seinem unsterblichen Meisterwerk *Kain.* Herodot erzählt von der Sitte der Thrakier, den Neugeborenen mit Wehklagen zu bewillkommnen..., dagegen den Toten mit Freude und Scherz zu bestatten..., welches in einem schönen, uns von Plutarch aufbewahrten Verse so lautet: ›Lugere genitum, tanta qui intravit mala...‹ Dem ist es beizumessen, daß die Mexikaner das Neugeborene mit den Worten bewillkommneten... Und demselben Gefühle folgend, hat Swift (wie Walter Scott berichtet) schon früh die Gewohnheit angenommen, seinen Geburtstag nicht als einen Zeitpunkt der Freude, sondern der Betrübnis zu begehen... Bekannt... ist die Stelle in der Apologie des Sokrates, wo Platon diesen weisesten der Sterblichen sagen läßt, daß der Tod... ein wundervoller Gewinn sein würde... Ein Spruch des Herakleitos lautete: ›Vitae nomen quidem est vita, opus autem mors.‹ Berühmt ist der schöne Vers des Theognis: ›Optima sors homini natum non esse...‹ Sophokles, im *Oedipus zu Kolonos (Vers 1225 ff.),* hat folgende Abkürzung desselben: ›Natum non esse sortes vincit alias omnes...‹ Euripides sagt: ›Omnis hominum vita est plena dolore...‹ *(Hippolytus 189).* Und hat es doch schon Homer gesagt: ›Non enim quidquam alicubi est calamitosius homine omnium, quotquot super terram spirantque...‹ Selbst Plinius sagt: ›... nullum melius esse tempestiva morte.‹ Shakespeare legt dem alten König Heinrich IV. die Worte in den Mund: ›O, if this were seen, the happiest youth... would shut the book, and sit him down and die.‹ Endlich Byron: ›... tis something better not to be.‹ Auch Balthasar Gracian bringt den Jammer unseres Daseins uns mit den schwärzesten Farben vor die Augen im *Criti-*

con...«[1]. Wenn ich mich nicht schon von Schopenhauer zu weit hätte hinreißen lassen, würde ich mit Vergnügen diese kleine Demonstration durch die *Aphorismen zur Lebensweisheit* noch vervollständigen, die vielleicht von allen mir bekannten Werken dasjenige sind, das bei einem Autor mit der größten Belesenheit die größte Originalität voraussetzt, so daß Schopenhauer in der Einleitung seines Werkes, von dem jede Seite mehrere Zitate enthält, auf die ernsthafteste Weise der Welt hat versichern können: »Kompilieren ist meine Sache nicht.«

Gewiß ist Freundschaft, und zwar die Freundschaft, die auf die Individuen Rücksicht nimmt, etwas Frivoles, und das Lesen ist eine Freundschaft. Doch zumindest ist es eine aufrichtige Freundschaft, und der Umstand, daß sie sich an einen Toten, einen Abwesenden wendet, verleiht ihr etwas Uneigennütziges, fast Rührendes. Es ist außerdem eine Freundschaft, die von allem befreit ist, was an anderen häßlich ist. Da wir Lebenden alle nur Tote sind, die ihr Amt noch nicht angetreten haben, sind alle diese Höflichkeiten, all die ausgetauschten Grüße im Vestibül, die wir Ehrerbietung, Dankbarkeit oder Hingabe nennen und in die wir so viele Lügen mischen, unfruchtbar und ermüdend. Darüber hinaus spinnen – von den ersten Beziehungen der Sympathie, der Bewunderung, der Dankbarkeit an – die ersten gesprochenen Worte, die ersten geschriebenen Briefe rings um uns die ersten Fäden zu einem Gewebe aus Gewohnheiten, zu einer bestimmten Seinsweise, von der wir uns bei den folgenden Freundschaften nicht mehr freimachen können; ganz abgesehen davon, daß die während dieser Zeit von uns ausgesprochenen übertriebenen Worte bestehen bleiben wie Wechsel, die wir bezahlen müssen, oder daß

1) Schopenhauer, *Die Welt als Wille und Vorstellung* (Kapitel »Von der Nichtigkeit und dem Leiden des Lebens«).[27]

wir unser ganzes Leben hindurch die Gewissensbisse darüber, daß wir sie zu Protest haben gehen lassen, noch teurer bezahlen werden. Beim Lesen wird die Freundschaft plötzlich wieder zu ihrer ursprünglichen Reinheit zurückgeführt. Mit Büchern gibt es keine Liebenswürdigkeiten. Wenn wir den Abend mit diesen Freunden verbringen, so deshalb, weil wir wirklich Lust dazu haben. Bei ihnen wenigstens tut es uns oft leid, sie verlassen zu müssen. Und wenn wir sie verlassen haben, gibt es keinen jener Gedanken, die die Freundschaft verderben: Was haben sie über uns gedacht? – Haben wir es nicht an Takt fehlen lassen? – Haben wir ihnen gefallen? – und die Angst, um eines anderen willen vergessen zu werden. All diese Erregungen der Freundschaft ersterben an der Schwelle der reinen und ruhigen Freundschaft, die das Lesen ist. Auch Ehrerbietung gibt es nicht; wir lachen über das, was Molière sagt nur in dem Maß, in dem wir es komisch finden; wenn er uns langweilt, haben wir keine Bedenken, ein gelangweiltes Gesicht zu machen, und wenn wir von seiner Gesellschaft genug haben, stellen wir ihn so brüsk an seinen Platz zurück, als ob er weder eine Berühmtheit noch ein Genie wäre. Die Atmosphäre dieser reinen Freundschaft ist das Schweigen, das reiner ist als das Wort. Denn wir sprechen für die andern, doch wir schweigen für uns selbst. Deshalb trägt das Schweigen, im Gegensatz zum Sprechen, auch nicht die Spur unserer Fehler und unserer Grimassen. Es ist rein, es ist wirklich eine Atmosphäre. Zwischen das Denken des Autors und das unsrige schiebt es nicht jene unreduzierbaren, gegen das Denken aufsässigen Elemente unserer verschiedenen Egoismen. Auch die Sprache des Buches ist rein (wenn das Buch diesen Namen verdient), transparent gemacht durch das Denken des Autors, der alles, was nicht es selbst war, von diesem Denken entfernt hat, bis sie zu seinem getreuen Abbild wurde; jeder Satz ähnelt dabei im Grunde den anderen, denn alle werden allein durch die Modulation einer Persönlichkeit ausgesprochen; daher rührt eine Art Kontinuität, die von den Beziehungen des Lebens und was sie an fremden Elementen mit dem Denken vermischen, ausgeschlossen wird, die aber sehr rasch ermöglicht, der Denklinie des Autors zu folgen, den Zügen seiner Physiognomie, die sich in diesem ruhigen Spiegel abbilden. Wir vermögen uns an den Zügen eines jeden zu erfreuen, ohne daß sie bewunderungswürdig sein müßten, denn es ist für den Geist ein großes Vergnügen, diese tiefen Gemälde zu erkennen und mit einer Freundschaft ohne Egoismus und ohne Phrasen wie in sich selbst zu lieben. Ein Gautier, dieser einfache, brave Junge mit gutem Geschmack (es amüsiert uns, wenn wir daran denken, daß man ihn als den Vertreter der Vollkommenheit in der Kunst hat ansehen können), gefällt uns auf solche Weise. Wir machen uns kein übertriebenes Bild von seiner geistigen Kraft, und wir können nicht umhin, in seinem *Voyage en Espagne,* wo jeder Satz, ohne daß sein Autor es ahnt, den anmutigen und fröhlichen Zug seiner Persönlichkeit verstärkt und fortsetzt (die Wörter ordnen sich von selbst, um sie zu zeichnen, weil sie diese Wörter gewählt und in diese Ordnung gebracht hat), die Verpflichtung, die er glaubt, sich selbst auferlegen zu müssen, jede Form voll und ganz zu beschreiben, für recht weit entfernt von der wirklichen Kunst zu halten, insbesondere da die Beschreibungen von Vergleichen begleitet werden, die, weil sie keineswegs aus angenehmen und starken Eindrücken entstanden sind, uns nicht im geringsten bezaubern. Wir können nur der jämmerlichen Trockenheit seiner Einbildungskraft die Schuld geben, wenn er das Land mit seinen verschiedenartigen Kulturen mit den »Karten der Schneider, auf die die Stoffmuster für Hosen und Westen geklebt sind«[28], vergleicht, und wenn er sagt, daß es zwischen Paris und Angoulème nichts zu bewundern gibt. Und wir lächeln über diesen glühenden Liebhaber der Gotik, der sich nicht einmal die Mühe gemacht hat, in Chartres die Kathedrale zu besichtigen.[1]

Doch welche gute Laune, welcher Geschmack! Wie gern wir diesen munteren Gefährten auf seinen Abenteuern begleiten! Er ist so sympathisch, daß alles, was ihn umgibt, auch uns sympathisch wird. Und nach den wenigen Tagen, die er bei dem Kommandanten Lebarbier de Tinan verbrachte, durch einen Sturm an Bord seines schönen Schiffes, »das wie Gold funkelte«, festgehalten, sind wir betrübt, daß er uns kein Wort weiter über diesen liebenswürdigen Seemann sagt und uns für immer von ihm trennt, ohne uns mitzuteilen, was aus ihm geworden ist.[2] Wir spüren sehr wohl, daß seine großtuerische Fröhlichkeit und seine gelegentliche Melancholie die etwas nachlässigen Gewohnheiten eines Journalisten sind. Doch wir sehen ihm das alles nach, wir machen, was er will, wir amüsieren uns, wenn er bis auf die Haut durchnäßt und von Hunger und Müdigkeit erschöpft nach Hause kommt, und wir sind betrübt, wenn er mit der Trauer eines Feuilletonisten die Namen der Menschen seiner Generation aufzählt, die vorzeitig gestorben sind. Wir sagten von ihm, daß seine Sätze seine

1) »Ich bedauere, daß ich durch Chartres gekommen bin, ohne die Möglichkeit gehabt zu haben, mir die Kathedrale anzusehen.« (*Voyage en Espagne*, S. 2.)

2) Er wurde, so sagte man mir, der berühmte Admiral de Tinan, Vater von Madame Pochet de Tinan, deren Name den Künstlern teuer geblieben ist, und Großvater des glänzenden Kavallerieoffiziers. – Er war es auch, denke ich, der vor Gaëta einige Zeit hindurch die Verpflegung und die Verbindung zwischen François II. und der Königin von Neapel sicherte. (Vgl. Pierre de la Gorce, *Histoire du Second Empire*.)

Physiognomie zeichneten, doch ohne daß er es ahnte; denn wenn die Wörter nicht von unserem Denken gemäß den Affinitäten seines Wesens gewählt werden, sondern von unserm Wunsch, uns zu beschreiben, stellen sie diesen Wunsch dar, nicht aber uns. Fromentin und Musset haben, trotz ihrer Begabung, gerade weil sie der Nachwelt ihr Porträt hinterlassen wollten, ein sehr mittelmäßiges Porträt geschaffen; doch interessieren sie uns auch dadurch noch außerordentlich, denn ihr Scheitern ist höchst aufschlußreich. So ist ein Buch, wenn es nicht der Spiegel einer kraftvollen Persönlichkeit ist, immer noch der Spiegel der merkwürdigen Mängel des Geistes. Wenn wir uns mit einem Buch von Fromentin oder Musset befassen, sehen wir, was auf dem Grunde des ersteren an Kurzatmigkeit und Albernheit in einer gewissen Vornehmheit liegt und auf dem Grunde des zweiten an Leere in der Beredsamkeit.

Wenn der Geschmack an Büchern mit der Intelligenz wächst, so vermindern sich mit ihr dessen Gefahren, wie wir gesehen haben. Ein origineller Geist weiß seine Lektüre seiner persönlichen Tätigkeit unterzuordnen. Sie ist für ihn nur noch die vornehmste Zerstreuung, insbesondere die veredelnste, denn allein Lektüre und Wissen geben »die schönen Sitten« des Geistes. Die Kraft unserer Sensibilität und unserer Intelligenz können wir nur in uns selbst entwickeln, in den Tiefen unseres geistigen Lebens. Doch in der Berührung mit anderen Geistern, wie es das Lesen ist, vollzieht sich die Erziehung der »Façons« des Geistes. Die Literaturliebhaber bleiben trotz allem der Adel der Intelligenz, und ein bestimmtes Buch, irgendeine Besonderheit der literarischen Wissenschaft nicht kennen wird immer, selbst bei einem Mann mit Genie, ein Zeichen intellektueller Bürgerlichkeit sein. Vornehmheit und Adel bestehen auch in der Ordnung des Geistes, und zwar in einer Art von Freimaurerei der Gewohnheiten und in einer Überlieferung von Traditionen.[1)]

Sehr schnell wendet sich die Neigung der großen Schriftsteller bei diesem Geschmack fürs Lesen den Büchern der Alten zu. Selbst jene, die ihren Zeitgenossen als die größten »Romantiker« erschienen, lasen fast nur Klassiker. In der Unterhaltung Victor Hugos kehren, wenn er von seiner Lektüre spricht, die Namen von Molière, Horaz, Ovid und Regnard am häufigsten wieder. Alphonse Daudet, der am wenigsten »buchgelehrsame« Schriftsteller, dessen Werk ganz Modernität und Leben ist und der jedes klassische Erbe abgeworfen zu haben scheint, las, zitierte und kommentierte unaufhörlich Pascal, Montaigne, Diderot und Tacitus[2)]. Man

1) Die wahre Vornehmheit tut im übrigen immer so, als ob sie sich nur an vornehme Personen wendete, die dieselben Gewohnheiten kennen, sie »erklärt« nicht. Ein Buch von Anatole France setzt stillschweigend eine Menge von gelehrten Kenntnissen voraus und enthält ständige Anspielungen, die der Gewöhnliche nicht bemerkt und die neben den sonstigen Schönheiten seinen unvergleichlichen Adel ausmachen.

2) Das ist gewiß der Grund, weshalb ein großer Schriftsteller, wenn er Kritiken schreibt, oft von den Neuauflagen alter Werke spricht und sehr wenig von zeitgenössischen Büchern. Beispiel: die *Lundis* von Sainte-Beuve und *La Vie littéraire* von Anatole France. Während allerdings Anatole France seine Zeitgenossen wunderbar beurteilt, kann man sagen, daß Sainte-Beuve alle großen Schriftsteller seiner Zeit verkannt hat. Man wende nicht ein, daß er durch persönliche Haßgefühle verblendet war. Nachdem er auf unglaubliche Weise den Romancier Stendhal heruntergerissen hat, rühmt er zum Ausgleich die Bescheidenheit und das taktvolle Verhalten des Mannes, als ob sonst nichts Günstiges über ihn zu sagen wäre! Diese Blindheit Sainte-Beuves in bezug auf seine Epoche[29] steht in merkwürdigem Gegensatz zu seinen Anmaßungen von Klarsicht und Voraussicht. »Jedermann ist in der Lage«, so sagt er in *Chateaubriand et son groupe littéraire,* »sich über Racine und Bossuet zu

könnte fast sagen – wobei man vielleicht durch diese, im übrigen völlig einseitige, Interpretation die alte Unterscheidung zwischen Klassikern und Romantikern erneuert –, daß es die Leserschaft ist (die intelligente Leserschaft natürlich), die romantisch ist, während die Meister (selbst die romantisch genannten Meister, die von der romantischen Leserschaft vorgezogenen Meister) klassisch sind. (Eine Bemerkung, die sich auf alle Künste ausdehnen ließe. Das Publikum hört sich die Musik von Monsieur Vincent d'Indy an, Monsieur Vincent d'Indy liest die von Monsigny.[1)] [30] Das Publikum

äußern... Doch der Scharfsinn des Kritikers erweist sich besonders an neuen Schriften, die noch nicht durch das Publikum erprobt sind. Erraten, vorauseilen, auf den ersten Blick beurteilen, das ist die Gabe des Kritikers. Wie wenige besitzen sie!«

1) Und umgekehrt haben die Klassiker keine besseren Kommentatoren als die »Romantiker«. Tatsächlich verstehen es allein die Romantiker, die klassischen Werke zu lesen, weil sie sie so lesen, wie sie geschrieben wurden, romantisch nämlich, weil man, um einen Poeten oder Prosaschreiber gut zu lesen, selbst nicht Gelehrter, sondern Poet oder Prosaschreiber sein muß. Das trifft für die am wenigsten »romantischen« Werke zu. Auf die schönen Verse von Boileau sind wir nicht durch Literaturprofessoren aufmerksam gemacht worden, sondern durch Victor Hugo:

Et dans quatre mouchoirs de sa beauté salis
Envoie au blanchisseur ses roses et ses lys.

Und in vier Taschentüchern, die von ihrer Schönheit beschmutzt,
Schickt sie zum Wäscher ihre Rosen und ihre Lilien.

Und durch Monsieur Anatole France:

L'ignorance et l'erreur à ses naissantes pièces
En habits de marquis, en robes de comtesses.

Unwissenheit und Irrtum in seinen entstehenden Stücken
Im Gewand von Marquis, in Kleidern von Komtessen.

geht in die Ausstellungen von Monsieur Vuillard und Monsieur Maurice Denis, diese jedoch gehen in den Louvre). Das liegt gewiß daran, daß das zeitgenössische Denken, das von den eigenständigen Schriftstellern und Künstlern für das Publikum zugänglich und begehrenswert gemacht wird, in gewissem Maße derartig ein Teil ihrer selbst ist, daß ein davon verschiedenes Denken sie besser ablenkt. Es verlangt von ihnen, wenn sie zu ihm gelangen wollen, eine größere Anstrengung und verursacht ihnen deshalb eine größere Freude; wenn man liest, liebt man es immer, ein bißchen von sich wegzukommen und zu reisen.

Doch gibt es einen anderen Grund, dem ich zum Abschluß diese Vorliebe der großen Geister für die alten Werke am liebsten zuschreibe.[1] Er besteht darin, daß diese für uns nicht nur, wie die zeitgenössischen Werke, die Schönheit besitzen, die der Geist, der sie schuf, hineinzulegen verstand. Sie erhalten eine andere, noch ergreifendere Schönheit dadurch, daß ihre Sprache, in der sie geschrieben wurden, wie ein Spiegel des Lebens ist. Ein wenig von dem Glück, das man fühlt, wenn man

Die letzte Nummer von *La Renaissance latine* (15. Mai 1905) ermöglicht mir, im Augenblick, da ich diese Druckfahnen korrigiere, diese Bemerkung durch ein weiteres Beispiel auf die Schönen Künste auszudehnen. Sie zeigt uns in Monsieur Rodin (in dem Artikel von Monsieur Mauclair) den wahren Kommentator der griechischen Bildhauerkunst.

1) Eine Vorliebe, die sie selbst im allgemeinen für zufällig halten; sie nehmen an, daß die schönsten Bücher zufällig von den alten Autoren geschrieben worden sind; und gewiß kann das so sein, da die alten Bücher, die wir lesen, aus der gesamten Vergangenheit, die im Vergleich zur zeitgenössischen Epoche so umfangreich ist, ausgewählt worden sind. Doch ein gewissermaßen zufälliger Grund kann nicht ausreichen, um eine so allgemeine Haltung des Geistes zu erklären.

in einer Stadt wie Beaune spazierengeht, das sein Hospiz aus dem 15. Jahrhundert noch unversehrt erhalten hat, mit seinem Brunnen, seinem Waschhaus, seinem getäfelten und bemalten Gewölbe, seinem hochgiebligen, von Luken durchbrochenen Dach, das von bleiernen gehämmerten Spitzen gekrönt wird (all diese Dinge, die eine verschwindende Epoche dort gleichsam vergessen hat, all diese Dinge, die nur ihr eigen waren, da keine der auf sie folgenden Epochen gleichartige hat entstehen sehen), ein wenig von diesem Glück fühlt man noch, wenn man durch eine Tragödie von Racine oder einen Band von Saint-Simon wandert. Denn sie enthalten all die schönen vergangenen Formen der Sprache, die die Erinnerungen an Sitten oder an Arten des Empfindens einschließen, die nicht mehr bestehen, bleibende Spuren der Vergangenheit, denen nichts in der Gegenwart ähnlich ist und deren Farben von der Zeit, die darüber hinwegging, nur noch verschönert wurden.

Eine Tragödie von Racine, ein Band der Memoiren von Saint-Simon gleicht den schönen Dingen, die nicht mehr gemacht werden. Die Sprache, aus der sie durch große Künstler mit einer Freiheit gehauen wurden, die ihre Sanftheit leuchten und ihre eingeborene Kraft hervortreten läßt, bewegt uns wie der Anblick mancher heute nicht mehr benutzter Marmorsteine, die einst die Arbeiter gebrauchten. Gewiß hat in manchem dieser alten Gebäude der Stein den Gedanken des Bildhauers getreulich bewahrt, doch dank diesem ist uns auch der Stein von einer heute nicht mehr bekannten Art erhalten geblieben, geschmückt mit allen Farben, die er ihm hat abgewinnen, die er hat hervortreten lassen und in Einklang bringen können. Es ist die Syntax, wie sie im 17. Jahrhundert in Frankreich lebte – und in ihr die verschwundenen Sitten und eine verschwundene Art des Denkens –, die wir mit Freude in den Versen Racines wiederfinden. Die Formen dieser Syntax, bloßgelegt, geachtet und von seinem präzis und fein arbeitenden Meißel verschönert, bewegen uns in jenen einmalig und kühn anmutenden Wendungen der Umgangssprache[1], deren plötzlich erkennbares Muster wir in den sanftesten

1) Ich glaube zum Beispiel, daß der Charme, den man gewöhnlich an diesen Versen aus *Andromaque* findet:

> *Pourquoi l'assassiner? Qu'a-t-il fait? A quel titre?*
> *Qui te l'a dit?*

> Warum ihn ermorden? Was hat er getan? Mit welchem Recht?
> Wer hat's dich geheißen?

gerade daher rührt, daß das übliche Band der Syntax absichtlich zerrissen ist. »A quel titre?« bezieht sich nicht auf »Qu'a-t-il fait?«, das ihm unmittelbar vorausgeht, sondern auf »Pourquoi l'assassiner?« und »Qui te l'a dit?« bezieht sich ebenfalls auf »assassiner«. (Wenn man sich an einen anderen Vers aus *Andromaque* erinnert – *Qui vous l'a dit, Seigneur, qu'il me méprise?* Wer hat es euch gesagt, Herr, daß er mich verachtet? –, kann man annehmen, daß »qui te l'a dit?« für »qui te l'a dit de l'assassiner?« steht.) Zickzack des Ausdrucks (die zurücklaufende Linie, von der ich weiter oben sprach, ist gebrochen), was nicht ohne eine geringe Verdunklung des Sinnes abgeht, und zwar derart, daß ich eine große Schauspielerin, die sich mehr um die Klarheit des Vorgetragenen als um die Genauigkeit der Prosodie sorgte, habe einfach sagen hören, »Pourquoi l'assassiner? A quel titre? Qu'a-t-il fait?« Die berühmtesten Verse Racines sind in Wahrheit deshalb so berühmt, weil sie auf solche Weise durch eine familiäre Kühnheit der Sprache bezaubern, die sich wie eine kühne Brücke von einem sanften Ufer zum andern spannt. »Je t'aimais inconstant, *qu'aurais-je fait fidèle?*« (Ich liebte dich, obwohl du unbeständig warst, was hätte ich getan, wenn du treu gewesen wärest?) Und welch eine Freude bewirkt das schöne Zusammentreffen dieser Ausdrücke, deren fast gewöhnliche Schlichtheit dem Sinn, wie bei manchen Gesichtern von Mantegna, eine so sanfte Fülle und so schöne Farben gibt:

und zärtlichsten Passagen wie einen flüchtigen Strich auftauchen oder wie in schönen gezackten Linien zurückkehren sehen. Solche vergangenen, direkt dem Leben der Vergangenheit entnommenen Formen sind es, die wir in dem Werk Racines wie in einer alten, unzer-

Et dans un fol amour ma jeunesse embarquée ...
Und in einer wahnsinnigen Liebe meine Jugend eingeschifft ...

Réunissons trois cœurs qui n'ont pu s'accorder.
Vereinigen wir drei Herzen, die sich nicht haben einigen können.

Deshalb ist es angebracht, die Texte der klassischen Autoren ganz zu lesen und sich nicht mit ausgewählten Stücken zu begnügen. Die berühmten Stellen der Schriftsteller sind oft gerade jene, in denen diese intime Verwebung ihrer Sprache durch die Schönheit – eine Schönheit von fast universaler Natur – der Passage verborgen wird. Ich glaube nicht, daß das besondere Wesen der Musik Glucks sich in einer bestimmten erhabenen Melodie so sehr verrät wie in irgendeiner bestimmten Kadenz seiner Rezitative, wo die Harmonie wie der Klang der Stimme seines Genies ist, wenn sie in eine unfreiwillige Intonation zurückfällt, der sein ganzer naiver Ernst und seine Vornehmheit eingeprägt sind, jedesmal, wenn man ihn gewissermaßen Atem schöpfen hört. Wer Photographien von San Marco in Venedig gesehen hat, muß glauben (und dabei spreche ich nur vom Äußeren des Bauwerks), daß er eine Vorstellung von dieser Kuppelkirche gewonnen hat, doch erst wenn man ihr so nahe kommt, daß man mit der Hand den bunten Vorhang dieser lächelnden Säulen berühren kann, erst wenn man die seltsame und ernste Kraft sieht, die Blätter zusammenrollt oder Vögel in den Kapitellen nisten läßt, die man nur aus der Nähe erkennen kann, erst wenn man auf dem Platz selbst einen Eindruck von diesem niedrigen Bauwerk, in der ganzen Breite seiner Fassade, mit seinen blumengeschmückten Masten und seinem festtäglichen Dekor, seinem Aussehen eines »Ausstellungspalastes« gewinnt, spürt man in den bedeutungsvollen, doch beiläufigen Zügen, die von keiner Photo-

stört gebliebenen Stadt betrachten. Wir empfinden angesichts von ihnen die gleiche Bewegung wie angesichts der ebenfalls abgeschafften Formen der Architektur, die wir nur noch in den seltenen großartigen Beispielen bewundern können, die die Vergangenheit, von der sie hervorgebracht wurden, hinterlassen hat: alte Stadtmauern, Bergfriede und Türme, Taufkapellen und Kirchen sowie neben dem Kloster oder unterhalb des Beinhauses der kleine Friedhof, der in der Sonne unter seinen Schmetterlingen und Blumen den Totenbrunnen und die Totenlaterne vergißt.

Aber noch mehr: nicht nur die Sätze zeichnen für unsere Augen die Formen der früheren Seele nach. Zwischen den Sätzen – ich denke an sehr alte Bücher, die zunächst nur mündlich überliefert wurden –, in den Intervallen, die sie voneinander trennen, hält sich noch heute wie in einer unversehrten Totengruft ein oft vielhundertjähriges Schweigen, das die Zwischenräume ausfüllt. Oft habe ich im Lukasevangelium, wenn ich auf die Doppelpunkte traf, die es vor jeder der zahlreichen Stellen unterbrechen, die fast die Form eines Lobgesanges haben[1], das Schweigen des Gläubigen gehört, der sein lautes Lesen unterbrach, um dann die folgende Strophe anzustimmen wie einen Psalm, der ihn an die älteren Psalmen der Bibel erinnerte.[2]

graphie wiedergegeben werden, wie seine wirkliche komplexe Individualität hervorbricht.

1) »Und Maria sprach: Meine Seele erhebt den Herrn, und mein Geist freuet sich Gottes, meines Heilandes...« – »Und sein Vater Zacharias ward des heiligen Geistes voll, weissagte und sprach: Gelobet sei der Herr, der Gott Israels! denn er hat besucht und erlöset sein Volk...« – »... da nahm er ihn auf seine Arme und lobte Gott und sprach: Herr, nun lässest du deinen Diener im Frieden fahren...«

2) Eigentlich habe ich kein positives Zeugnis, das mir die Möglichkeit gibt zu versichern, daß bei diesem Lesen der Rezitierende

Diese Stille erfüllte noch die Pause im Satz, der sich geteilt hatte, um sie einzuschließen, und der davon seine Form behalten hat. Mehr als einmal brachte sie mir beim Lesen den Duft einer Rose, den der durch das Fenster eindringende Lufthauch in dem hohen Saal mit der versammelten Gemeinschaft verbreitet und sich in fast zweitausend Jahren nicht verflüchtigt hatte. Auch die *Göttliche Komödie* und die Stücke Shakespeares vermitteln den Eindruck, daß man ein Stück als in die gegenwärtige Stunde eingeschlossene Vergangenheit betrachtet, den so erregenden Eindruck, der manche Tage des Lesens solchen des Flanierens durch Venedig gleichen läßt, auf der Piazetta zum Beispiel, wenn man vor sich in der halb irrealen Farbe von Dingen, die nur ein paar Schritte und doch viele Jahrhunderte entfernt sind, die beiden Säulen aus grauem und rosa Granit hat, von denen die eine auf ihrem Kapitell den Löwen des heiligen Markus, die andere den auf das Krokodil tretenden heiligen Theodorus trägt, diese beiden schlanken Fremdländerinnen, die einst aus dem Orient über das Meer kamen, dessen Wellen sich zu ihren Füßen brechen; ohne die rings um sie gesprochenen Sätze zu begreifen, bewahren sie weiter inmitten der Menge von heute ihre Tage aus dem 12. Jahrhundert auf diesem öffentlichen Platz, auf dem, noch ganz in der Nähe, zerstreut ihr fernes Lächeln glänzt.

die Art von Psalmen sang, die Lukas in sein Evangelium einfügte. Doch scheint es mir, daß das zur Genüge aus der Gegenüberstellung verschiedener Passagen bei Renan und insbesondere von *Saint Paul*, S. 257 u. f., *Les Apôtres*, S. 99–100, sowie *Marc Aurel*, S. 502–503 usw. hervorgeht.[31]

ÜBER DEN »STIL« FLAUBERTS

Erst jetzt eben las ich (und das hindert mich, eine gründlichere Untersuchung vorzunehmen) den Artikel des vortrefflichen Kritikers der *Nouvelle Revue Française* über Flauberts Stil. Ich gestehe, daß ich verblüfft war, einen Mann als wenig begabt zum Schreiben behandelt zu sehen, der durch den vollkommen neuen und persönlichen Gebrauch des *passé défini*[1], des *passé indéfini*[2] und des Präsenspartizips sowie mancher Pronomen und Präpositionen unsere Ansicht von den Dingen fast im gleichen Maße erneuert hat wie Kant durch seine Kategorien die Theorien über die Erkenntnis und die Realität der äußeren Welt[1)]. Nicht, daß ich Flauberts Bücher über alles liebte oder auch nur Flauberts Stil. Aus Gründen, die zu entwickeln hier zu weit führen würde, glaube ich, daß allein die Metapher dem Stil eine Art

1) Ich weiß sehr wohl, daß Descartes durch seinen »gesunden Menschenverstand«, der nichts anderes ist als die rationalen Prinzipien, damit begonnen hatte. Das lernte man früher in der Schule. Wieso weiß Monsieur Reinach das nicht, der sich zumindest darin von den Emigranten unterscheidet, daß er alles gelernt, aber nichts vergessen hat, und wieso kann er glauben, daß Descartes eine »köstliche Ironie« bewies, wenn er sagte, daß der »gesunde Menschenverstand« die am besten verteilte Sache auf der Welt sei? Bei Descartes bedeutet das, daß auch der dümmste Mensch gegen seinen Willen das Prinzip der Kausalität usw. anwendet. Doch im 17. Jahrhundert pflegte man in Frankreich die tiefsten Dinge auf eine sehr einfache Weise zu sagen. Wenn ich in meinen Romanen versuche, mich in seine Schule zu begeben, werfen mir die Philosophen vor, ich gebrauche das Wort Intelligenz usw. im gewöhnlichen Sinn.

Ewigkeitswert verleihen kann[3], und im ganzen Werk Flauberts gibt es vielleicht keine einzige schöne Metapher. Ja, noch mehr, seine Bilder sind im allgemeinen so schwach, daß sie sich kaum über solche erheben, die von seinen unbedeutendsten Personen hätten gefunden werden können. Gewiß, wenn in einer sublimen Passage Madame Arnoux und Frédéric Sätze wechseln wie: »Manchmal kommen mir Ihre Worte wieder ins Gedächtnis wie ein fernes Echo, wie der vom Wind herbeigetragene Ton einer Glocke« – »In der Tiefe meiner selbst hörte ich immer die Musik Ihrer Stimme und sah ich den Glanz Ihrer Augen«[4], so ist das ein wenig *zu gut* für ein Gespräch zwischen Frédéric und Madame Arnoux. Doch hätte Flaubert, wenn er anstelle seiner Personen gesprochen hätte, kaum etwas viel Besseres gefunden. Um auf eine Art, die er natürlich für bezaubernd hält, in seinem vollkommensten Werk das Schweigen auszudrücken, das in Juliens Schloß herrschte, sagte er, daß »man das Rascheln eines Schals hörte oder den Nachhall eines Seufzers«[5]. Und am Schluß, als der, den Sankt Julian trägt, zu Christus wird, ist dieser einzigartige Augenblick ungefähr auf folgende Weise beschrieben: »Seine Augen erglänzten mit der Helligkeit von Sternen, seine Haare verlängerten sich wie die Strahlen der Sonne, der Atem aus seiner Nase hatte den süßen Duft der Rosen«[6] usw. Daran ist nichts schlecht, nichts ist disparat, schockierend oder lächerlich wie in einer Beschreibung von Balzac oder Renan; nur scheint es, daß auch ohne Flauberts Hilfe ein einfacher Frédéric Moreau das fast hätte finden können. Doch schließlich ist die Metapher nicht der ganze Stil. So ist es unmöglich, daß jemand, der einmal dieses große *rollende Trottoir*[7] betreten hat, das Flauberts Seiten bilden, mit dem ununterbrochenen, gleichförmigen, eintönigen und endlosen Ablaufen, nicht erkennt, daß sie ohne Vorbild in der Literatur sind. Lassen wir einmal nicht nur die einfachen Unachtsamkeiten, sondern auch die grammatische Korrektheit beiseite; sie ist eine nützliche, doch negative Qualität (ein guter Schüler, der den Auftrag gehabt hätte, Flauberts Druckfahnen zu lesen, wäre in der Lage gewesen, zahlreiche Fehler zu beseitigen). Auf alle Fälle gibt es eine grammatische Schönheit (so wie es eine moralische Schönheit gibt, eine dramatische usw.), die nichts mit der Korrektheit zu tun hat. Eine Schönheit solcher Art brachte Flaubert in mühsamer Arbeit hervor. Gewiß konnte diese Schönheit gelegentlich von der Art der Anwendung mancher Regeln der Syntax abhängen. Flaubert war entzückt, wenn er bei Schriftstellern der Vergangenheit eine Vorwegnahme Flauberts fand, so bei Montesquieu zum Beispiel: »Die Laster Alexanders waren außerordentlich wie seine Tugenden; er war furchtbar in seiner Wut; sie machte ihn grausam.«[8] Wenn jedoch Flaubert über solche Sätze in höchste Begeisterung geriet, so gewiß nicht wegen ihrer Korrektheit, sondern weil sie, indem sie die Möglichkeit geben, aus dem Zentrum eines Satzes den Bogen aufsteigen zu lassen, der sich erst wieder in der Mitte des folgenden Satzes niedersenkt, die enge, hermetische Kontinuität des Stils gewährleisten. Um das gleiche Ziel zu erreichen, bedient sich Flaubert oft der Regeln, die den Gebrauch der Personalpronomen bestimmen. Doch sobald es ihm nicht um dieses Ziel geht, werden ihm dieselben Regeln vollkommen gleichgültig. So gebraucht Flaubert auf der zweiten oder dritten Seite der *Éducation sentimentale* ein »er«, um Frédéric Moreau zu bezeichnen, wo dieses Pronomen sich auf Frédérics Onkel beziehen müßte, und wo es sich auf Frédéric beziehen müßte, gebraucht er es für Arnoux. Etwas weiter sind mit einem »sie«, das sich auf Hüte bezieht, Personen gemeint, usw. Diese ständigen Fehler sind bei Saint-Simon fast ebenso häufig. Doch auf dieser zweiten Seite der *Éducation* handelt es sich darum, zwei Abschnitte miteinander zu verbinden, damit ein wahrgenommenes Bild nicht unterbrochen wird, und in diesem Fall wird das – umkehrbare, wie man sagen könnte – Personalpronomen mit grammatischer Strenge gebraucht, weil die Verbindung der Bildteile und der gleichmäßige, Flaubert eigene Rhythmus im Spiel sind: »Die Hügelkette, die zur Rechten dem Lauf der Seine folgte, senkte sich, und eine andere tauchte in größerer Nähe auf dem gegenüberliegenden Ufer auf.

Bäume krönten sie...« (»La colline qui suivait à droite le cours de la Seine s'abaissa, et il en surgit une autre, plus proche, sur la rive opposée.

Des arbres la couronnaient...«)[9]

Es kommt Flaubert immer mehr auf die Wiedergabe des Wahrgenommenen, ohne Einschiebung eines geistvollen Wortes oder des Zeichens einer Empfindung an, und zwar um so mehr, je stärker er seine eigene Individualität ausprägt und ganz Flaubert wird. In *Madame Bovary* ist noch nicht alles, was nicht er ist, beiseite gelassen; die letzten Worte: »Kürzlich hat er das Kreuz der Ehrenlegion erhalten« erinnern an das Ende des *Gendre de Monsieur Poirier*: »Pair von Frankreich im Jahre 48«[10]. Und selbst die *Éducation sentimentale* (ein durch seine Festigkeit so schöner Titel, der im übrigen ebensogut für *Madame Bovary* passen würde, der jedoch grammatisch gesehen kaum korrekt ist) enthält hie und da noch Reste, wenn auch nur winzige, von dem, was nicht Flaubert ist (»ihre arme kleine Brust« usw.). Trotzdem ist in der *Éducation sentimentale* die Revolution vollendet; was bis zu Flaubert Aktion war, wird Impression. Die Dinge haben ebensoviel Leben wie die Menschen, denn erst die Überlegung weist nachträglich jedem visuellen Phänomen äußere Ursachen zu, während in dem ersten Eindruck, den wir empfangen, diese Ursache nicht enthalten ist. Ich nehme den Satz von der zweiten Seite der *Éducation sentimentale,* von dem ich vorhin sprach, noch einmal auf: »Die Hügelkette, die zur Rechten dem Lauf der Seine folgte, senkte sich, und eine andere tauchte in größerer Nähe auf dem gegenüberliegenden Ufer auf.« Jacques Blanche hat gesagt, daß sich in der Geschichte der Malerei eine Erfindung oder eine Neuerung oft in einer einfachen Beziehung der Töne, in zwei nebeneinandergesetzten Farben bekunde.[11] Flauberts Subjektivismus drückt sich durch einen neuen Gebrauch der Verbzeiten, der Präpositionen und der Adverbien aus, wobei die beiden letzteren in seinem Satz fast immer nur einen rhythmischen Wert besitzen. Ein sich verlängernder Zustand wird durch das Imperfekt angegeben. Diese ganze zweite Seite der *Éducation* (eine vollkommen zufällig herausgegriffene Seite) besteht aus Imperfektformen, außer, wenn eine Veränderung, eine Aktion eintritt, eine Aktion, deren Protagonisten im allgemeinen Dinge sind (»la colline *s'abaissa*« usw.). Gleich darauf setzt das Imperfekt wieder ein: »Mehr als einer wünschte, ihr Besitzer zu sein...« (»Plus d'un *enviait* d'en être le propriétaire...«). Doch oft wird der Übergang vom Imperfekt zur perfektivischen Form durch ein Partizip Präsens angegeben, das die Art und Weise bezeichnet, auf welche die Handlung geschieht, oder auch den Augenblick, in dem sie geschieht. Immer noch auf der zweiten Seite der *Éducation*: »Er betrachtete die Kirchtürme... und bald, während Paris verschwand, stieß er einen tiefen Seufzer aus« (»Il contemplait des clochers... et bientôt, *Paris disparaissant,* il poussa un gros soupir«[12]). (Das Beispiel ist im übrigen sehr schlecht gewählt, man könnte bei Flaubert viel bezeichnendere finden.) Merken wir beiläufig noch an, daß diese Aktivität der Dinge und Tiere, da sie das Subjekt der Sätze sind (anstelle von Menschen als Subjekt), zu einer großen Vielfalt von Verben zwingt. Ich greife vollkommen zufällig und stark abkürzend heraus: »Die Hyänen liefen hinter ihm, der Stier wiegte den Kopf, während der Panther mit gekrümmtem Rücken auf Samtpfoten vorwärtsschlich... Die Schlange pfiff, die stinkenden Tiere geiferten, der Eber... Für den Angriff auf den Eber gab es vierzig Griffons... Schäferhunde aus dem Berberland... waren zur Verfolgung des Auerochsen bestimmt. Das schwarze Fell der Spaniels leuchtete wie Satin, das Bellen des Talbots kam dem der Stöberhunde gleich...«[13] Und diese Vielfalt der Verben ergreift von den Menschen Besitz, die in dieser kontinuierlichen, homogenen Vision nicht mehr sind als die Dinge, doch nicht minder eine »zu beschreibende Illusion«[14]. Desgleichen: »Er hätte in der Wüste den Straußen nachsetzen, im Bambusdickicht den Leoparden auflauern und Wälder voller Rhinozerosse durchqueren mögen, er wollte Berggipfel erklimmen, um besser auf die Adler zu schießen, und auf den Eisschollen des Meeres mit den Eisbären kämpfen... Er sah sich...«[15] Dieses ewige Imperfekt (man wird mir erlauben, ein *passé indéfini* als ewig zu bezeichnen, während bei den Journalisten das Wort »ewig« meistens nicht, und zwar mit Recht, eine Liebe bezeichnet, sondern einen Schal oder einen Regenschirm. Mit seinem »ewigen Schal« – wobei man von Glück sagen kann, wenn es nicht mit seinem »legendären Schal« heißt – ist ein »geheiligter« Ausdruck), also dieses ewige Imperfekt, das zum Teil aus den Worten der Personen besteht, die Flaubert im allgemeinen in erlebter Rede wiedergibt, damit sie mit dem übrigen verschmelzen (»Der Staat sollte sich der Börse bemächtigen... Viele andere Maßnahmen waren noch geeignet... Man mußte zunächst die Köpfe der Reichen dem allgemeinen Niveau anpassen... Alles war jetzt ruhig. Die Ammen und Hebammen mußten vom Staat ein Gehalt bekommen... Zehntausend Bürgerinnen mit guten Gewehren konnten das Rathaus erzittern lassen...« (»L'État devait s'emparer de la Bourse... Bien d'autres mesures étaient bonnes encore... Il fallait d'abord passer le niveau sur la tête des riches... Tout était tranquille maintenant. Il faillait que les nourrices et les accoucheuses fussent salariées par l'Etat. Dix-mille citoyennes avec de bons fusils pouvaient faire trembler l'Hôtel de Ville...«)[16], all das bedeutet nicht, daß Flaubert dies denkt und versichert, sondern daß Frédéric, die Vatnaz oder Sénécal es sagen und daß Flaubert beschlossen hat, so wenig Anführungsstriche wie möglich zu gebrauchen); dieses in der Literatur so neue Imperfekt verändert also vollkommen den Aspekt der Dinge und Lebewesen, so wie es eine Lampe tut, die man an eine andere Stelle rückt, die Ankunft in einem neuen Haus, oder ein altes, wenn man sich mitten im Umzug befindet und es fast leer ist. Diese Art von Trauer, die aus dem Bruch mit den Gewohnheiten und aus der Unwirklichkeit des Dekors entsteht, drückt Flauberts Stil aus, dieser – und wäre es nur dadurch – so neue Stil. Sein Imperfekt dient dazu, nicht nur die Worte, sondern das ganze Leben der Leute wiederzugeben. Die *Éducation sentimentale*[1)] ist der lange Bericht eines ganzen Lebens, ohne daß die Personen gewissermaßen aktiv an der Handlung teilnehmen. Manchmal unterbricht das *passé défini* das Imperfekt, wird aber dann wie dieses etwas Unbestimmtes, das sich verlängert: »Er reiste. Er lernte die Melancholie der Dampfschiffe kennen... Er hatte

1) Die *Éducation sentimentale,* auf die man, gewiß nach dem Willen Flauberts, oft diesen Satz von der vierten Seite des Buches selbst anwenden könnte: »Und die sich vage verbreitende Langeweile schien... das Aussehen der Reisenden noch unbedeutender zu machen.«

noch andere Liebesverhältnisse« (»Il voyagea. Il connut la mélancolie des paquebots... Il eut d'autres amours encore«), und in diesem Fall ist es infolge einer Art von Kreuzchassé das Imperfekt, durch das etwas genauer präzisiert wird: »doch die Heftigkeit des ersten machte sie ihm fade« (»mais la violence du premier les lui *rendait* insipides«). Manchmal bewirkt auf der geneigten und ganz im Halbschatten liegenden Ebene der Imperfektformen das Präsens des Indikativs ein Geraderichten und läßt flüchtig eine volle Beleuchtung wirksam werden, die unter den vorüberziehenden Dingen eine dauerhaftere Wirklichkeit unterscheidet: »Sie wohnten in der Tiefe der Bretagne... *Es war* ein niedriges Haus mit einem Garten, der bis zum Gipfel des Hügels anstieg, von wo aus man das Meer *erblickt*« (»Ils habitaient le fond de la Bretagne... *C'était* une maison basse, avec un jardin montant jusqu'au haut de la colline, d'où l'on *découvre* la mer«).[17]

Die Konjunktion »und« hat bei Flaubert keineswegs das Ziel, das die Grammatik ihr zuweist. Sie bezeichnet eine Pause in einer rhythmischen Einheit und unterteilt ein Bild. Tatsächlich läßt Flaubert überall, wo man ein »und« setzen würde, es weg. Dies ist das Modell und der Schnitt so vieler bewunderungswürdiger Sätze: »[Und] die Kelten sehnten sich nach drei unbehauenen Steinen unter einem regnerischen Himmel in einer mit kleinen Inseln erfüllten Bucht.« (Vielleicht heißt es »übersäten« statt »erfüllten«, ich zitiere aus dem Gedächtnis.) »Es war in Megara, einem Vorort Karthagos, in den Gärten Hamilkars.« »Der Vater und die Mutter Julians bewohnten ein Schloß inmitten der Wälder am Abhang eines Berges.« (»[Et] les Celtes regrettaient trois pierres brutes, sous un ciel pluvieux, dans un golfe rempli d'îlots.«[18] »C'était à Mégara, faubourg de Carthage, dans les jardins d'Hamilcar.«[19] »Le père et la mère de

Julien habitaient un château, au milieu des bois, sur la pente d'une colline.«[20]) Gewiß vergrößert die Vielfalt der Präpositionen noch die Schönheit dieser dreitaktigen Sätze. Aber in anderen, von anderem Schnitt, gibt es auch nie ein »und«. Ich habe (aus anderen Gründen) schon den Satz zitiert: »Er reiste. Er lernte die Melancholie der Dampfschiffe kennen, das fröstelnde Erwachen unter dem Zelt, das Ermüdende der Landschaften und Ruinen, die Bitterkeit abgebrochener Zuneigungen.« Ein anderer hätte gesagt: »und die Bitterkeit abgebrochener Zuneigungen«. Doch dieses »und« führt Flauberts großer Rhythmus nicht mit sich. Dagegen aber benutzt es Flaubert, wo kein Mensch sonst auf den Gedanken gekommen wäre, es zu setzen. Es ist wie ein Hinweis, daß ein anderer Teil des Bildes beginnt, daß die zurückflutende Welle sich erneut zu bilden anfängt. Ganz nach dem Zufall eines Gedächtnisses, das seine Auswahl sehr schlecht getroffen hat: »Die Place du Carrousel bot einen ruhigen Anblick. Das Hôtel de Nantes stand dort immer noch einsam; *und* die Häuser dahinter, das Dach des Louvre gegenüber, die lange Holzgalerie zur Rechten... waren wie ertränkt in der grauen Farbe der Luft... während am andern Ende des Platzes...« (»La place du Carrousel avait un aspect tranquille. L'Hôtel de Nantes s'y dressait toujours solitairement; *et* les maisons par derrière, le dôme du Louvre en face, la longue galerie de bois, à droite... étaient comme noyés dans la couleur grise de l'air... tandis que, à l'autre bout de la place...«[21]) Kurz, bei Flaubert beginnt das »und« immer einen zweitrangigen Satz und schließt fast niemals eine Aufzählung. (Merken wir beiläufig an, daß das »während« in dem zitierten Satz nicht eine Zeit angibt, das ist bei Flaubert immer so, sondern einer der recht naiven Kunstgriffe ist, den alle großen Beschreiber gebrauchen, deren Satz zu lang wäre und die doch die

Teile des Bildes nicht voneinander trennen wollen. Bei Leconte de Lisle wäre die gleichartige Rolle hervorzuheben, die die »nicht weit davon«, »weiter entfernt«, »im Hintergrund«, »weiter unten«, »allein« usw. spielen.) Die – wie ich zugebe, sehr langsame – Aneignung so vieler grammatischer Besonderheiten (es fehlt mir an Platz, um die wichtigsten anzugeben, die jedermann ohne mich feststellen kann) beweist nach meiner Meinung nicht, wie der Kritiker der *Nouvelle Revue Française* meint, daß Flaubert kein »Schriftsteller von Geburt« ist, sondern im Gegenteil, daß er einer ist. In diesen grammatischen Besonderheiten zeigt sich in der Tat eine neue Sicht. Welcher Mühe bedurfte es, um diese Sicht genau festzuhalten, um sie vom Unbewußten in das Bewußte übergehen zu lassen, um sie schließlich den verschiedenen Teilen der Rede einzuverleiben![22] Was bei einem solchen Meister allerdings in Erstaunen setzt, ist die Mittelmäßigkeit seiner Korrespondenz. Im allgemeinen haben die großen Schriftsteller, die nicht schreiben können (wie die großen Maler, die nicht zeichnen können) nichts anderes gemacht als ihre »Virtuosität«, ihre angeborene »Leichtigkeit« zu verleugnen, um für eine neue Sicht Ausdrucksweisen zu schaffen, die versuchen, sich dieser Sicht allmählich anzupassen. In ihrer Korrespondenz aber, wo sie nicht mehr dem unbedingten Gehorsam gegenüber dem noch dunklen inneren Ideal unterworfen sind, werden sie wieder zu dem, was sie, falls sie weniger groß geworden wären, nicht aufgehört hätten zu sein. Wieviel Frauen, die die Werke eines mit ihnen befreundeten Schriftstellers beklagen, fügen hinzu: »Und wenn Sie wüßten, was für reizende Briefchen er schreibt, wenn er seiner Feder freien Lauf läßt! Seine Briefe sind seinen Werken unendlich überlegen.« Es ist wirklich ein Kinderspiel, Beredsamkeit, Brillanz, Geist und Schärfe des Strichs zu zeigen für jemand, dem all dies gewöhnlich nur fehlt, weil er sich einer tyrannischen Wirklichkeit anzupassen hat, an der das geringste zu ändern ihm nicht erlaubt ist. Diese plötzliche scheinbare Steigerung, die das Talent des Schriftstellers erfährt, sobald er improvisiert (oder eines Malers, der »wie Ingres« in das Album einer Dame zeichnet, die von seinen Bildern nichts versteht), diese Steigerung müßte in der Korrespondenz Flauberts spürbar sein. Doch man stellt eher eine Abschwächung fest. Diese Anomalie wird noch komplizierter dadurch, daß jeder große Künstler, der absichtlich die Wirklichkeit sich in seinen Büchern entfalten läßt, darauf verzichtet, in ihnen eine Einsicht oder ein kritisches Urteil sichtbar werden zu lassen, die er als unter seinem Genie stehend erachtet. Doch all das, was sich nicht in seinem Werk findet, strömt in seinem Gespräch, seinen Briefen über. Die Briefe Flauberts jedoch lassen nichts davon zutage treten. Es ist uns unmöglich, mit Monsieur Thibaudet darin »die Ideen eines erstrangigen Gehirns« zu erkennen, und diesmal sind wir nicht durch Monsieur Thibaudets Artikel, sondern durch Flauberts Korrespondenz in Verwirrung gebracht. Doch da wir von Flauberts Genie nur durch die Schönheit seines Stils und die unwandelbaren Besonderheiten einer deformierenden Syntax erfahren, wollen wir noch eine dieser Besonderheiten notieren: zum Beispiel ein Adverb, das nicht nur einen Satz oder eine Periode, sondern sogar ein Buch beschließt. (Der letzte Satz von *Hérodias*: »Da er [der Kopf des Heiligen Johannes] sehr schwer war, trugen sie ihn abwechselnd.« – (»Comme elle était très lourde, ils la portaient alternativement.«) Bei ihm, ebenso wie bei Leconte de Lisle, spürt man das Bedürfnis nach Festigkeit, und sei sie auch ein wenig massiv, und zwar aus Reaktion auf eine wenn nicht leere, so doch sehr leichte Literatur, in der allzu viele Spalten und Hohlräume auftraten. Übrigens sind die Adverbien, adverbialen Ausdrücke usw. bei Flaubert immer gleichzeitig auf die häßlichste, unerwartetste und schwerfälligste Weise placiert, wie um die kompakten Sätze zusammenzumauern und die kleinsten Löcher zuzustopfen. Monsieur Homais sagt: »Ihre Pferde sind ungestüm *vielleicht.*« (»Vos cheveux, *peut-être,* sont fougueux.«[23]), Hussonnet: »Es wäre Zeit, *vielleicht* das Volk zu informieren.« (»Il serait temps, *peut-étre,* d'aller instruire les populations.«[24]), »Paris würde bald ...« (»Paris, bientôt, aurait été ...«[25]). Die »après tout« (letztlich), »cependant« (indessen), »du moins« (zumindest) sind immer an eine andere Stelle gesetzt, als sie jemand anderes als Flaubert beim Sprechen oder Schreiben gesetzt hätte. »Eine Lampe von der Form einer Taube brannte darüber, *ständig.*« (»Une lampe en forme de colombe brûlait dessus *continuellement.*«[26]) Aus demselben Grund schreckt Flaubert auch vor der Schwerfälligkeit mancher Verben und mancher etwas gewöhnlichen Ausdrücke nicht zurück (im Gegensatz zu der Vielfalt der Verben, von der wir weiter oben gesprochen haben, wird das so solide Verb »haben« ständig an Stellen gebraucht, wo ein Schriftsteller zweiten Ranges feinere Abstufungen gesucht hätte: »Die Häuser hatten geneigte Gärten«[27], »Die vier Türme hatten spitze Dächer«[28]). Es ist eine Tatsache bei allen großen Erneuerern in der Kunst, zumindest im 19. Jahrhundert, daß, während die Ästheten ihre Abstammung von der Vergangenheit aufzeigten, das Publikum sie »gewöhnlich« fand. Man mag soviel wie man will sagen, daß Manet, Renoir, der morgen beerdigt wird[29], oder Flaubert keine Neuerer waren, sondern die letzten Nachfahren von Velasquez und Goya, von Boucher und Fragonard, ja sogar von Rubens und selbst vom antiken Griechenland, von Bossuet und Voltaire, ihre Zeitgenossen fanden sie ein wenig gewöhnlich; und trotz allem ahnen wir manchmal ein bißchen, was sie mit diesem Wort »gewöhnlich« meinten. Wenn Flaubert sagt: »Eine solche Fülle von Bildern verwirrte ihn, obwohl er daran Gefallen *immerhin* fand« (»Une telle confusion d'images l'étourdissait, bien qu'il y trouvât du charme, *pourtant*«[30]), wenn Frédéric Moreau, sei es bei der Maréchale oder bei Madame Arnoux, »anfängt, ihnen Zärtlichkeiten zu sagen« (»se met à leur dire des tendresses«), können wir nicht finden, daß dieses »immerhin« Anmut besitzt, noch daß dieses »anfangen, Zärtlichkeiten zu sagen« Vornehmheit hat. Aber wir lieben dieses schwere Material, das Flauberts Sätze emporheben und mit dem stoßweisen Geräusch eines Baggers wieder zurückfallen lassen. Denn wenn, wie man geschrieben hat, Flauberts nächtliche Lampe wie ein Leuchtturm für die Schiffer war, so kann man auch sagen, daß die durch sein »Gueuloir«[31] geschleuderten Sätze den regelmäßigen Rhythmus jener Maschinen hatten, die zum Abräumen von Erde dienen. Glücklich jene, die diesen eindringlichen Rhythmus spüren; jene aber, die sich nicht davon befreien können, die, welches Thema sie auch immer behandeln, unweigerlich, weil sie dem Meister unterworfen sind, »wie Flaubert« schreiben, gleichen jenen Unglücklichen aus der deutschen Sage, die verurteilt sind, zeitlebens an den Klöppel einer Glocke gefesselt zu bleiben. Deshalb kann ich bei einer Flaubert-Vergiftung Schriftstellern nichts mehr empfehlen als die reinigende und exorzierende Kraft des Pastiches.[32] Wenn man ein Buch beendet hat, möchte man nicht nur weiter mit seinen Personen leben, mit Madame de Beauséant, mit Frédéric Moreau, sondern unsere innere Stimme, die während der ganzen Dauer der Lektüre gezwungen war, dem Rhythmus eines Balzac oder eines Flaubert zu folgen, möchte auch fortfahren, zu sprechen wie sie. Man muß sie einen Augenblick gewähren lassen, muß das

Pedal den Ton verlängern lassen, das heißt, ein absichtliches Pastiche schreiben, um danach wieder original zu werden und nicht sein ganzes Leben lang unfreiwillige Pastiches zu schreiben. Das absichtliche Pastiche schreibt man ganz unreflektiert. Man glaubt mir gewiß, daß ich, als ich einst ein – übrigens abscheuliches – Pastiche von Flaubert schrieb, mich nicht gefragt habe, ob der Gesang, den ich in mir hörte, von der Wiederholung der Imperfektformen oder der Präsenspartizipien herrührte. Sonst hätte ich ihn nie übertragen können. Heute habe ich die umgekehrte Arbeit geleistet, indem ich versuchte, in großer Eile diese paar Besonderheiten von Flauberts Stil zu notieren. Unser Geist ist nie befriedigt, wenn er nicht eine klare Analyse dessen geben kann, was er zunächst unbewußt hervorgebracht hat, oder eine lebendige Nachschöpfung dessen, was er zunächst geduldig analysiert hat. Ich werde nicht müde werden, auf die heute so bestrittenen Verdienste Flauberts hinzuweisen. Eines seiner Verdienste, das mich am meisten berührt, weil ich darin das Ergebnis der bescheidenen Anstrengungen wiederfinde, die ich selbst unternommen habe, ist, daß er mit Meisterschaft den Eindruck der Zeit zu vermitteln versteht. Nach meiner Meinung ist das Schönste in der *Éducation sentimentale* nicht ein Satz, sondern eine Auslassung.[33] Flaubert hat vorher auf langen Seiten die kleinsten Handlungen Frédéric Moreaus beschrieben, hat über sie Bericht erstattet. Frédéric sieht, wie ein Polizist mit seinem Degen auf einen Aufständischen losgeht, der tot zu Boden stürzt. »Und Frédéric erkannte staunend Sénécal!« (»Frédéric, béant, reconnut Sénécal!«) Hierauf folgt eine Auslassung, eine riesige Auslassung, und ohne die Spur eines Übergangs werden nun statt der Viertelstunden Jahre, Jahrzehnte zum Zeitmaß (ich nehme die letzten Worte, die ich zitiert habe, noch einmal auf, um diesen ungeheuren Wechsel der Geschwindigkeit ohne jede Vorbereitung zu zeigen):

»Und Frédéric erkannte staunend Sénécal.

Er reiste. Er lernte die Melancholie der Dampfschiffe kennen, das fröstelnde Erwachen im Zelt...

Er kehrte zurück.
Er verkehrte in der Gesellschaft...
Gegen Ende des Jahres 1867...«

Gewiß finden wir auch bei Balzac oft: »Im Jahre 1817 waren die Séchards...« Aber bei ihm haben diese Zeitwechsel einen aktiven oder dokumentarischen Charakter. Flaubert ist der erste, der sie von der Schmarotzerei des Anekdotischen und den Schlacken der Geschichte befreit, der erste, der sie in Musik setzt.

Das alles schreibe ich deshalb zur Verteidigung Flauberts (in dem Sinn, in dem Joachim du Bellay das Wort Verteidigung versteht), den ich nicht sehr liebe, und ich bin deshalb so unzufrieden, nicht über viele andere schreiben zu können, die ich ihm vorziehe, weil ich den Eindruck habe, daß wir nicht mehr lesen können.[1)]

1) Auf Ausnahmen trifft man manchmal in den großen systematischen Büchern, in denen man keine Literaturkritik erwartete. Eine neue literarische Kritik ergibt sich aus *L'Hérédo* und aus *Le monde des images,* diesen beiden bewunderungswürdigen und folgenschweren Büchern von Monsieur Léon Daudet, wie aus der cartesianischen Philosophie eine neue Physik, eine neue Medizin. Sicher sind die tiefen Einsichten von Monsieur Léon Daudet in das Werk Molières, Hugos, Baudelaires usw. noch schöner, wenn man sie durch die Gesetze des Gravitation mit jenen Sphären in Verbindung bringt, die die »Images« darstellen, doch für sich allein genommen und vom System losgelöst, beweisen sie die Lebendigkeit und Tiefe des literarischen Geschmacks.[34]

Monsieur Daniel Halévy hat kürzlich in den *Débats* einen sehr schönen Artikel über die Hundertjahrfeier für Sainte-Beuve geschrieben.[35] Doch meiner Meinung nach folgte er an jenem Tag einer sehr schlechten Eingebung, denn er verfiel auf den Gedanken, Sainte-Beuve als einen der großen Führer zu zitieren, die wir verloren haben. (Da ich im Augenblick weder Bücher noch Zeitungen zur Hand habe und »in letzter Minute« meine Studie improvisiere, garantiere ich nicht für den genauen Ausdruck, den Halévy gebraucht hat, doch war es der Sinn.) Nun habe ich mir mehr als irgend jemand regelrechte Ausschweifungen mit der köstlichen schlechten Musik erlaubt, die Sainte-Beuves gesprochene perlende Sprache darstellt, aber hat jemals jemand so sehr wie er in seinem Amt als Führer versagt? Der größte Teil seiner *Lundis* ist Autoren vierten Ranges gewidmet, und wenn er von einem allerersten Ranges zu sprechen hat, von einem Flaubert oder einem Baudelaire etwa, macht er unverzüglich das kurze Lob, das er ihnen spendet, rückgängig, indem er zu verstehen gibt, daß es sich um einen Gefälligkeitsartikel handele, da der Autor einer seiner persönlichen Freunde sei. Einzig als von seinen persönlichen Freunden spricht er von den Goncourt, an denen man mehr oder weniger Geschmack finden mag, die aber auf alle Fälle den üblichen Objekten von Sainte-Beuves Begeisterung unendlich überlegen sind. Gérard de Nerval, der gewiß einer der drei oder vier größten Schriftsteller des 19. Jahrhunderts ist, wird verächtlich als der »nette Nerval« behandelt, und zwar anläßlich einer Goetheübersetzung. Daß er aber persönliche Werke geschrieben hat, scheint Sainte-Beuve entgangen zu sein. Was Stendhal als Romancier betrifft, den Stendhal der *Chartreuse,* so belächelt ihn unser »Führer« und erkennt da die verhängnisvollen Auswirkungen einer Art (zum Mißerfolg bestimmten) Unterfangens, Stendhal zum Romancier zu machen, ungefähr so, wie die Berühmtheit mancher Maler der Spekulation von Gemäldehändlern zuzuschreiben zu sein scheint. Zwar hatte Balzac zu Lebzeiten Stendhals dessen Genie begrüßt, doch das geschah gegen eine Entlohnung. Dabei fand der Verfasser sogar selbst, daß er (nach Sainte-Beuve, der einen Brief unrichtig deutet, den zu kommentieren hier nicht der Ort ist) mehr als genug für sein Geld hatte. Kurz, wenn ich nicht weniger wichtige Dinge zu tun hätte, würde ich es übernehmen, auf einer gewissen Ebene einen »Abriß der französischen Literatur des 19. Jahrhunderts«[36] nach Sainte-Beuve zu »entwerfen«, wie Monsieur Cuvillier Fleury gesagt hätte, in dem sich kein einziger großer Name fände und in dem Leute zu großen Schriftstellern erhoben würden, von denen alle Welt vergessen hat, daß sie überhaupt jemals geschrieben haben. Gewiß ist es erlaubt, sich zu täuschen, und der objektive Wert unserer künstlerischen Urteile hat keine große Bedeutung. Flaubert hat Stendhal auf eine grausame Weise verkannt, der selbst wiederum die schönsten romanischen Kirchen abscheulich fand und sich über Balzac lustig machte. Doch bei Sainte-Beuve ist der Irrtum schwerwiegender, weil er unaufhörlich wiederholt, daß es leicht sei, ein gerechtes Urteil über Vergil oder La Bruyère, über seit langem anerkannte und klassifizierte Autoren abzugeben, daß aber das Schwierige, die eigentliche Aufgabe des Kritikers, das, was ihm wirklich seinen Namen als Kritiker einbringt, darin bestehe, den zeitgenössischen Autoren ihren Rang zuzuweisen. Er selbst hat das, wie man zugeben muß, kein einziges Mal getan, und das genügt, um ihm den Titel eines Führers abzusprechen. Vielleicht würde mir der Artikel von Monsieur Halévy – ein im übrigen bemerkenswerter Artikel –, wenn ich ihn vor Augen hätte, die Möglichkeit geben zu zeigen, daß wir nicht nur Prosa nicht mehr zu lesen verstehen, sondern auch Verse. Der Verfasser hebt zwei Verse von Sainte-Beuve hervor. Der eine ist eher ein Vers Monsieur André Rivoires als einer Sainte-Beuves. Der zweite:

Sorrente m'a rendu mon doux rêve infini[37]

Sorrent gab den unendlichen süßen Traum mir zurück

ist abscheulich, wenn man die Rs guttural spricht, und lächerlich, wenn man sie rollt. Im allgemeinen kann die absichtliche Wiederholung eines Vokals oder eines Konsonanten von großer Wirkung sein (Racine: *Iphigénie, Phèdre*). Es gibt einen Labiallaut[38], der in einem Vers von Hugo sechsmal wiederholt wird und der den Eindruck luftiger Leichtigkeit erweckt, den der Dichter hervorrufen will:

Les souffles de la nuit flottaient sur Galgala.[39]

Der Atem der Nacht schwebt über Galgala.

Hugo verstand es, sich sogar der Wiederholung des Rs zu bedienen, die im Französischen nicht sonderlich harmonisch ist. Er hat sie auf glückliche Weise benutzt, doch unter recht verschiedenen Umständen. Auf jeden Fall aber, und wie dem auch mit den Versen sei, wir verstehen nicht mehr, Prosa zu lesen. In dem Artikel über Flauberts Stil zitiert Monsieur Thibaudet, ein so gelehrter und kundiger Leser, einen Satz von Chateaubriand. Er hatte nur die Qual der Wahl. Wie zahlreich sind die, über die man in Begeisterung geraten kann! Monsieur Thibaudet (der allerdings zeigen wollte, daß der Gebrauch des Anakoluths den Stil leichter macht) zitiert einen der am wenigsten schönen Sätze Chateaubriands, des nur beredsamen Chateaubriand, über dessen geringen Wert meinen ausgezeichneten Kollegen schon das Vergnügen hätte aufklären können, mit dem Monsieur Guizot ihn deklamierte.[40] Im allgemeinen ist alles, womit bei Chateaubriand die politische Beredsamkeit des 18. und des 19. Jahrhunderts fortgesetzt oder vorausgenommen wird, nicht der wahre Chateaubriand. Wir müssen schon etwas Sorgfalt und Gewissenhaftigkeit auf unsere Beurteilung der verschiedenen Werke eines großen Schriftstellers verwenden. Wenn Musset Jahr für Jahr, Zweig um Zweig sich bis zu den *Nuits* erhebt und Molière bis zum *Misanthrope,* liegt dann nicht einige Grausamkeit darin, den ersteren

À Saint Blaise, à la Zuecca
Nous étions, nous étions bien aise

In Saint Blaise auf der Zuecca
Fühlten wir uns, fühlten wir uns wohl

vorzuziehen und dem zweiten die *Fourberies de Scapin*?[41] Übrigens brauchen wir nur die Meister, Flaubert ebensogut wie die anderen, mit größerer Einfachheit zu lesen. Wir werden erstaunt sein, wie lebendig und nahe sie uns immer noch sind, wie sie uns tausend Beispiele für geglückte Bemühungen geben, in denen wir selbst erfolglos geblieben sind. Flaubert wählte Rechtsanwalt Sénard[42] zu seiner Verteidigung; er hätte das augenfällige und uneigennützige Zeugnis aller großen Toten anrufen können. Ich kann zum Abschluß für dieses schützende Überleben der großen Schriftsteller ein ganz persönliches Beispiel nennen. Manche, selbst literarisch sehr gebildete Leute glaubten bei *Du côté de chez Swann* unter Verkennung der strengen, wenn auch verschleierten Komposition (die vielleicht schwieriger erkennbar war, weil ihr eine weite Öffnung des Zirkels eigen ist und das symmetrische Gegenstück zu einer früheren

Passage, weil Ursache und Wirkung sich in einem großen Abstand voneinander befinden), daß mein Roman eine Art Sammlung von Erinnerungen sei, die sich nach den zufälligen Gesetzen der Ideenassoziation miteinander verknüpfen.[43] Sie zitierten zur Unterstützung dieser Gegenwahrheit Seiten, wo ein paar Krümel einer in Tee getauchten »Madeleine« mir (oder doch wenigstens dem Erzähler, der »ich« sagt, der ich aber nicht immer bin) eine ganze Zeit meines Lebens ins Gedächtnis rufen, die im ersten Teil des Werkes vergessen ist. Ohne nun im Augenblick von dem Wert zu sprechen, den ich solchen unbewußten Wiedererinnerungen beimesse, auf die ich im letzten – noch nicht veröffentlichten – Band meines Werkes meine ganze Kunsttheorie stütze, und wenn ich mich einmal nur an den Gesichtspunkt der Komposition halte, so habe ich lediglich, um von einer Ebene auf die andere überzuwechseln, nicht eine Tatsache benutzt, sondern etwas, was ich als Verbindung reiner und kostbarer gefunden hatte, nämlich ein Phänomen des Gedächtnisses.[44] Schlagen Sie die *Mémoires d'outre-tombe* oder die *Filles du feu* von Gérard de Nerval[45] auf, und Sie werden sehen, daß diese beiden großen Schriftsteller, die man gern – insbesondere den zweiten – durch eine rein formale Interpretation ärmer und dürftiger macht, dieses Verfahren des plötzlichen Übergangs vollkommen beherrschten. Als Chateaubriand – wenn ich mich recht erinnere – in Montboissier ist, hört er plötzlich eine Drossel singen. Und dieser Gesang, den er in seiner Jugend so oft hörte, läßt ihn sogleich nach Combourg zurückkehren und treibt ihn – und den Leser mit ihm –, in eine andere Zeit und eine andere Provinz überzuwechseln. Ebenso verhält es sich bei *Sylvie*, deren erster Teil vor einer Bühne spielt, in dem die Liebe Gérard de Nervals zu einer Schauspielerin beschrieben wird. Plötzlich fällt sein Blick auf eine Ankündigung: »Morgen werden die Bogenschützen von Loisy ...« Diese Worte erwecken eine Erinnerung, oder vielmehr zwei Zuneigungen aus seiner Kindheit: unverzüglich wird der Ort der Novelle verändert. Dieses Phänomen des Gedächtnisses hat Nerval als Überleitung gedient, diesem großen Genie, dessen Werke fast alle den Titel haben könnten, den ich zunächst einem der meinigen gegeben hatte: *Les intermittences du cœur*[46]. Bei ihm hatten sie einen andern Charakter, wird man sagen, der insbesondere der Tatsache zuzuschreiben ist, daß er wahnsinnig war. Doch vom Gesichtspunkt der literarischen Kritik aus kann man einen Zustand nicht eigentlich Wahnsinn nennen, der die richtige Wahrnehmung der wichtigsten Beziehungen zwischen Bildern oder Ideen fortbestehen läßt (viel mehr noch: der den Sinn für ihre Entdeckung schärft und leitet). Dieser Wahnsinn ist fast nur der Augenblick, in dem die üblichen Träumereien Gérard de Nervals unsagbar werden. Sein Wahnsinn ist dann wie die Verlängerung seines Werkes; er entflieht ihm bald wieder, um erneut zu schreiben. Und der Wahnsinn, in den das vorangehende Werk mündete, wird Ausgangspunkt und eigentlicher Stoff für das folgende. Der Dichter empfindet über den beendeten Anfall ebensowenig Scham, wie wir nicht jeden Tag darüber erröten, daß wir geschlafen haben, oder wir vielleicht eines Tages nicht darüber verwirrt sein werden, daß wir einen Augenblick durch den Tod hindurchgegangen sind. Und er übt sich darin, seine abwechselnden Träume zu ordnen und zu beschreiben. Doch wir haben uns weit vom Stil der *Madame Bovary* und der *Éducation sentimentale* entfernt; unter Berücksichtigung der Eile, mit der ich diese Seiten schreibe, wird der Leser die Fehler des meinigen entschuldigen.

ÜBER BAUDELAIRE

Mein lieber Rivière,
eine schwere Krankheit hindert mich leider, Ihnen, ich sage nicht einmal eine Studie, sondern auch nur einen einfachen Artikel über Baudelaire zu schicken. In Ermangelung von etwas Besserem beschränke ich mich auf ein paar kleine Anmerkungen. Ich bedaure das um so mehr, als ich Baudelaire – neben Alfred de Vigny – für den größten Dichter des 19. Jahrhunderts halte. Damit will ich nicht sagen, daß man, wenn man das schönste Gedicht des 19. Jahrhunderts auszuwählen hätte, es bei Baudelaire suchen müßte. Ich glaube nicht, daß man in den ganzen *Fleurs du mal*, diesem erhabenen, aber das Gesicht verzerrenden Buch, in dem das Mitleid höhnt, die Ausschweifung das Zeichen des Kreuzes schlägt und Satan beauftragt ist, die tiefste Theologie zu lehren, ein einziges Gedicht findet, das *Booz endormi*[1] gleichkommt. Darin entwickelt sich ein ganzes Zeitalter der Geschichte und der Geologie mit einer Weite, die durch nichts eingeengt und durch nichts aufgehalten wird, angefangen von

La Terre encore mouillée et molle du Déluge

Die von der Sintflut noch feuchte und weiche Erde

bis zu Jesus-Christus

En bas un roi chantait, en haut mourait un Dieu.

Unten sang ein König, oben starb ein Gott.

Dieses große biblische Gedicht (wie Lucien de Rubempré gesagt hätte: »Biblisch? sagte erstaunt Fifine«[2]) hat nichts trocken Historisches, es wird ständig durch Victor Hugos Persönlichkeit belebt, der sich in Booz objektiviert. Wenn der Dichter sagt, daß die Frauen Booz mehr ansahen als einen jungen Mann, so tut er das entweder, um an noch nicht lang zurückliegendes Glück bei Frauen zu erinnern, oder um solches hervorzurufen. Er sucht die Frauen davon zu überzeugen, daß sie, wenn sie Geschmack besitzen, nicht einen jungen Laffen lieben werden, sondern den alten Sänger. All das wird in der zwanglosesten und edelsten Syntax gesagt. Ohne von den allzu berühmten Versen über die Augen des jungen Mannes zu sprechen, die mit denen des Alten verglichen werden (zugunsten dieses letzteren natürlich), welche Vertraulichkeit benutzt nicht Hugo in der gleichen Strophe, um die Regeln der Logik denen des Verses zu unterwerfen:

Le vieillard, qui revient vers sa source première,
Entre aux jours éternels et sort des jours changeants

Der Alte, der zurück zu seiner ersten Quelle kehrt,
Tritt ein in die ewigen Tage und läßt die wechselhaften
hinter sich

In der Prosa hätte man natürlich zuerst »sort des jours changeants« gesagt. Und er scheut sich nicht, völlig banale Sätze an das Ende des Verses zu verweisen, wo sie veredelt werden:

Laissez tomber exprès des épis, disait-il.

Laßt absichtlich Ähren fallen, sagte er.

Stets stützen persönliche Impressionen, erlebte Augenblicke dieses große historische Gedicht. Man muß ohne Zweifel in einem von Victor Hugo empfundenen Gefühl und nicht in der Bibel den Ursprung dieser großartigen Verse suchen:

Quand on est jeune on a des matins triomphants,
Le jour sort de la nuit ainsi qu'une victoire.

Wen man jung ist, erlebt man triumphierende Morgen,
Der Tag geht aus der Nacht hervor wie ein Sieg.

Die unteilbarsten Gedanken werden in dem erforderlichen Grad der Verschmelzung wiedergegeben:

Voilà longtemps que celle avec qui j'ai dormi,
O Seigneur, a quitté ma couche pour la vôtre;
Et nous sommes encor tout mêlés l'un à l'autre,
Elle à demi vivante, et moi mort à demi.

Lange schon hat jene, mit der ich geschlafen,
O Herr, mein Lager mit dem Euren vertauscht,
Und immer noch sind wir ganz miteinander
verschlungen,
Sie halb lebendig, und ich zur Hälfte tot.

Der Adel der Syntax verringert sich auch in den einfachsten Versen nicht:

Booz ne savait pas qu'une femme était là
Et Ruth ne savait pas ce que Dieu voulait d'elle.[1)]

1) Absichtlich erwähne ich hier nicht die so wunderbar komischen und umfassenden Untersuchungen, die Léon Daudet[3] kürzlich mit berechtigtem ungeheurem Erfolg veröffentlicht hat. Hier kommt es nicht darauf an, daß Victor Hugo nicht wirklich Booz war, sondern daß er das glaubte oder versuchte, es glauben zu machen.

Booz wußte nicht, daß eine Frau da war,
Und Ruth wußte nicht, was Gott von ihr wollte.

Und in den darauffolgenden, welche überragende Kunst, um durch Häufung des L den Eindruck von flüchtiger Leichtigkeit zu vermitteln:

Les souffles de la nuit flottaient sur Galgala.

Der Atem der Nacht schwebte über Galgala.

Alfred de Vigny ist nicht anders vorgegangen: um jener anderen biblischen Episode, *La colère de Samson*, ein intensives Leben einzuhauchen, hat er sich selbst in Samson objektiviert, und weil die Freundschaft Madame Dorvals mit manchen Frauen seine Eifersucht erregte, schrieb er:

La femme aura Gomorrhe et l'homme aura Sodome.[4]

Das Weib wird Gomorra, der Mann wird Sodom
haben.

Doch die großartige heitere Gelassenheit Hugos, die es ihm erlaubt, *Booz endormi* bis zu dem pastoralen Bild am Ende zu führen:

Quel Dieu, quel moissonneur de l'éternel été
Avait, en s'en allant, négligemment jeté
Cette faucille d'or dans le champ des étoiles.

Welcher Gott, welcher Schnitter des ewigen Sommers
Hatte, bevor er sich entfernte, nachlässig
Diese goldene Sichel in das Feld der Sterne geworfen.

Diese das majestätische Abrollen des Gedichts gewährleistende Gelassenheit erreicht jedoch nicht die außerordentliche Spannung des Gedichts von Alfred de Vigny. Auch in seinen ruhigen Gedichten bleibt Vigny geheimnisvoll, und der Ursprung dieser Ruhe und ihrer unsagbaren Schönheit bleibt uns verborgen. Victor Hugo macht immer auf wunderbare Weise, was gemacht werden muß; man kann sich nicht mehr Präzision als in dem Bild von der Mondsichel wünschen; selbst die leichtesten Bewegungen der Luft sind, wie wir sahen, auf bewunderungswürdige Art wiedergegeben. Aber selbst da noch ist die Herstellung – die Herstellung sogar des Ungreifbaren – sichtbar. Und so gibt es in dem Augenblick, der so geheimnisvoll sein müßte, keinerlei Eindruck von Geheimnis. Wie dagegen sind solche – geheimnisvollen – Verse gemacht, wie

Dans les balancements de ta taille penchée
Et dans ton pur sourire amoureux et souffrant[5]

Im Wiegen deiner geneigten Büste
Und in deinem reinen verliebten und leidenden
Lächeln

oder

Pleurant comme Diane au bord de ses fontaines
Ton amour taciturne et toujours menacé.[6]

Weinend wie Diana am Rand ihrer Brunnen,
Deine stumme und immer bedrohte Liebe.

(diese vier zufällig aus *La maison du berger* von Alfred de Vigny herausgegriffenen Verse).

Viele Verse des *Balcon* von Baudelaire vermitteln ebenfalls einen solchen Eindruck des Geheimnisvollen. Doch nicht das ist bei ihm das Erstaunlichste. Wie sehr erscheint neben einem Buch wie den *Fleurs du mal* das ganze ungeheure Werk von Hugo schlaff, unbestimmt und ohne Akzent! Hugo hat ständig vom Tod gesprochen, aber er tat es mit dem Abstand eines kräftigen Essers und großen Genießers. Vielleicht muß man den nahen Tod in sich tragen, muß von Aphasie bedroht sein wie Baudelaire, um im wirklichen Schmerz eine solche Klarsicht zu haben und so religiöse Akzente in den satanischen Gedichten:

Il faut que le gibier paye le vieux chasseur...
Avez-vous donc pu croire, hypocrites surpris,
Qu'on se moque du maître et qu'avec lui l'on triche,
Et qu'il soit naturel de recevoir deux prix,
D'aller au ciel et d'être riche?[7]

Es muß das Wild den alten Jäger bezahlen...
Habt Ihr denn glauben können, ertappte Heuchler,
Daß man den Meister höhnt und ihn betrügt,
Daß es natürlich sei, zwiefachen Preis zu erhalten,
Den Himmel zu erlangen und reich zu sein?

Vielleicht muß man die tödlichen Erschöpfungen gespürt haben, die dem Tod vorausgehen, um über ihn einen so köstlichen Vers zu schreiben, wie ihn Victor Hugo niemals gefunden hätte:

Et qui refait le lit des gens pauvres et nus.[8]

Und der den Armen und Nackten das Lager bereitet.

Wenn der, der dies schrieb, noch nicht das tödliche Bedürfnis empfunden hatte, daß man sein Bett bereite, dann ist es eine »Vorausnahme« seines Unbewußten, eine Vorahnung des Schicksals, die ihm einen solchen Vers diktierten. Daher kann ich mir nicht ganz die Meinung Paul Valérys zu eigen machen, der in einer bewundernswerten Passage in *Eupalinos* (in der er eine bewußt von einem Künstler geschaffene Büste einer anderen gegenüberstellt, die im Verlaufe der Zeitalter durch unbewußte Arbeit der Meere aus einem Felsen geschaffen wurde) Sokrates folgendermaßen sprechen läßt: »Die erhellten Akte«, sagte Valéry unter dem Namen des Sokrates, »kürzen den Gang der Natur ab. Und man kann in aller Sicherheit sagen, daß ein Künstler tausend Jahrhunderte wert ist, oder hunderttausend oder noch viel mehr.«[9] Doch ich würde Valéry zur Antwort geben: »Diese harmonischen oder reflektierenden Künstler – die Voltaires zum Beispiel – bilden, wenn sie im Vergleich zur blinden Arbeit der Natur tausend Jahrhunderte darstellen, selbst keine unbegrenzte Zeit im Vergleich zu irgendeinem Kranken, einem Baudelaire etwa, oder besser noch einem Dostojewski, die in dreißig Jahren zwischen epileptischen oder sonstigen Anfällen alles schaffen, wovon eine Nachkommenschaft von tausend nur gesunden Künstlern keinen einzigen Absatz hätten schaffen können.«

Sokrates und Valéry haben uns unterbrochen, als wir den Vers über die Armen zitierten. Niemand hat mit mehr echter Zärtlichkeit von ihnen gesprochen als der Dandy Baudelaire. Eine gute antialkoholische Hygiene kann gewiß dieses Lob des Weines nicht billigen:

A ton fils je rendrai la force et la vigueur
Et serai pour ce frêle athlète de la vie
L'huile qui raffermit les membres du lutteur.[10]

Deinem Sohn gebe ich Kraft und Stärke zurück,
Und werde für diesen zarten Athleten des Lebens
Das Öl sein, das die Muskeln des Kämpfers kräftigt.

Der Dichter könnte antworten, daß der Wein spricht und nicht er selbst. Auf alle Fälle, welch göttliches Gedicht! Was für ein bewundernswerter Stil (»tombe« und »caveaux«[11])! Was für eine herzliche Menschlichkeit, welch eine Skizze des Weinbergs! Sehr oft trifft der Dichter diese volkstümliche Ader. Die großartigen Verse über die öffentlichen Konzerte sind bekannt:

... ces concerts, riches de cuivre,
Dont les soldats parfois inondent nos jardins
Et qui par ces soirs d'or où l'on se sent revivre
Versent quelque héroïsme au cœur des citadins.[12]

... diese Konzerte, reich an Klängen der Bleche,
Mit denen unsere Soldaten manchmal die Parks
überfluten
Und die an goldenen Abenden, wenn neues Leben
man fühlt,
Ein wenig Heldenmut in die Herzen der Bürger
gießen.

Es scheint unmöglich, darüber noch hinauszugehen. Und doch hat Baudelaire es verstanden, diesen Eindruck noch um einen Ton zu steigern, ihm eine mystische Bedeutung zu geben in dem unerwarteten Finale, in dem das seltsame Glück der Erwählten ein finsteres Gedicht über die *Verdammten* abschließt:

Le son de la trompette est si délicieux
Dans ces soirs solennels de célestes vendanges
Qu'il s'infiltre comme une extase dans tous ceux
Dont elle chante les louanges.[13]

So köstlich ist der Trompete Klang
An diesen feierlichen Abenden der himmlischen Lese,
Daß er als Verzückung in all jene dringt,
Deren Lob sie kündet.

Man darf hier annehmen, daß bei dem Dichter zu den Eindrücken des gern durch Paris Bummelnden die Erinnerung des leidenschaftlichen Bewunderers von Wagner tritt. Selbst wenn die heutigen jungen Musiker recht damit hätten (was ich nicht glaube), Wagners Genie zu leugnen, würden solche Verse beweisen, daß die objektive Richtigkeit des Urteils, das ein Schriftsteller über ein Werk einer anderen Kunstgattung abgibt, keine Bedeutung hat und daß seine Bewunderung, selbst wenn sie unbegründet ist, ihm nutzbringende Träumereien eingibt. Was mich betrifft, der ich Wagner sehr bewundere, so erinnere ich mich, daß in meiner Kindheit in den Concerts Lamoureux der Enthusiasmus, den man den wahren Meisterwerken wie *Tristan* oder *Den Meistersingern* vorbehalten müßte, ohne jede Unterscheidung auch durch abgeschmackte Stücke wie das Lied an den Abendstern oder das Gebet der Elisabeth aus dem *Tannhäuser* erregt wurde. Wenn man annimmt, daß ich mich musikalisch gesehen nicht täuschte (was nicht sicher ist), so bin ich doch gewiß, daß nicht ich das gute Teil hatte, sondern die Schüler, die rings um mich her mit wilder Begeisterung endlos klatschten, in ihrer Bewunderung wie Irrsinnige, wie Politiker schrien, und die sicher auf dem Heimweg vor ihrem geistigen Auge eine Sternennacht sahen, zu der die armselige Romanze sie nicht angeregt hätte, wenn sie als Namen ihres Verfassers statt dieses damals geehrten Wagner den verachteten Namen Gounod getragen hätte.

Seither haben sich die Dinge ein wenig geändert. Und die Notwendigkeit, nur französische oder alliierte Werke auf ein musikalisches Menu zu setzen, hat *Faust* und

Roméo[14] aus dem Staub auferstehen lassen. In diesen Fällen hat der Koch sich nur noch nach den Verboten des nationalistischen Arztes zu richten. Man ändert den Namen der Speisen wie den der Straßen. Und große Metaphysiker konnten eine allgemeine Geschichte der Philosophie schreiben, ohne ein einziges Mal die verabscheuten Namen Leibniz, Kant oder Hegel auszusprechen, ganz abgesehen von den andern. Das ging nicht ohne einige Hohlräume ab, die nur ungenügend von Victor Cousin ausgefüllt wurden.

In den verhältnismäßig kurzen Gedichten (*La Pipe* scheint mir darunter das Meisterwerk) ist Baudelaire unvergleichlich. Die langen Gedichte, sogar *Le Voyage*,

Pour l'enfant amoureux de cartes et d'estampes
L'univers est égal à son vaste appétit.
Ah! que le monde est grand à la clarté des lampes!
Aux yeux du souvenir que le monde est petit![15]

Für das Kind, das verliebt in Stiche und Karten,
Gleicht das Universum seinem großen Verlangen.
Ah, wie groß ist die Welt beim Lichte der Lampen!
In den Augen der Erinnerung, wie ist sie so klein!

(und Jacques Boulenger[16], bei weitem der beste Kritiker – und mehr als Kritiker – seiner Generation, wagt uns zu sagen, daß es der Dichtung Baudelaires an Gedanken fehle!), sogar dieses erhabene *Le Voyage*, das so trefflich anfängt, werden dann durch Rhetorik aufrechterhalten. So wie viele andere große Gedichte, wie *Andromaque je pense à vous*[17], fällt es ab und bricht fast zusammen. *Le Voyage* endet

Au fond de l'Inconnu pour trouver du nouveau.

In der Tiefe des Unbekannten, um Neues zu erfahren.

und *Andromaque*

Aux captifs, aux vaincus! . . . à bien d'autres encor!

An die Gefangenen, an die Besiegten! . . . an viele
andere noch!

Diese so einfachen Schlüsse sind vielleicht beabsichtigt. Doch trotz allem scheint es, als ob in ihnen etwas Abgekürztes, ein Mangel an Atem läge.

Dabei hatte kein Dichter einen ausgeprägteren Sinn für Erneuerung innerhalb einer Dichtung selbst. Manchmal gibt es eine plötzliche Veränderung des Tons. Wir haben schon das satanische Gedicht zitiert *Harpagon qui veillait son père agonisant*[18] (Harpagon, der an seines Vaters Sterbebett wachte), das endet »Le son de la trompette est si délicieux« (So köstlich ist der Trompete Klang). Ein noch verblüffenderes Beispiel (für das Monsieur Fauré eine seiner wunderbaren Melodien komponiert hat) ist das Gedicht[19], das beginnt: »Bientôt nous plongerons dans les froides ténèbres« (Bald tauchen wir in kalte Finsternisse), und das plötzlich, ohne Übergang, in einem andern Ton mit diesen Versen fortfährt, die selbst im Buch auf eine ganz natürliche Weise gesungen werden:

J'aime de vos longs yeux la lumière verdâtre.

Ich liebe deiner schmalen Augen grünliches Licht.

In anderen Fällen wird das Gedicht durch eine bestimmte Handlung unterbrochen. In dem Augenblick, da Baudelaire sagt »Mon cœur est un palais . . . «[20] (Mein Herz ist ein Palast . . .) überkommt ihn plötzlich, ohne daß dies gesagt würde, die Begierde wieder, die Frau zwingt ihn zu einem neuen Genuß, und der Dichter, berauscht von den im Augenblick dargebotenen Wonnen und zugleich mit dem Gedanken an die Müdigkeit des nächsten Tages, ruft aus:

Un parfum nage autour de votre gorge nue! . . .

O Beauté, dur fléau des âmes, tu le veux!
Avec tes yeux de feu brillants comme des fêtes,
Calcine ces lambeaux qu'ont épargnés les bêtes.

Ein Duft schwebt um deinen entblößten Busen! . . .

O Schönheit, harte Geißel der Seelen, du willst es!
Mit deinen Feueraugen, die glänzen wie Feste,
Verbrenne diese Reste, die von den Tieren verschont.

Im übrigen sind auch ein paar lange Gedichte ausnahmsweise ohne einen Makel bis zum Ende geführt, wie *Les petites vieilles*, die deshalb, wie ich glaube, Victor Hugo gewidmet sind. Doch hinterläßt neben anderen dieses so schöne Gedicht einen schmerzlichen Eindruck von Grausamkeit. Wenn man auch im allgemeinen Schmerz verstehen kann, ohne deshalb gut zu sein, so glaube ich doch nicht, daß Baudelaire, der für diese Unglücklichen ein Mitleid bekundet, das Akzente der Ironie annimmt, sich ihnen gegenüber grausam gezeigt hat. Er wollte sein Mitleid nicht sehen lassen, er begnügte sich damit, das Charakteristische eines solchen Anblicks zu verdeutlichen, so daß manche Strophen von einer grausamen und bösartigen Schönheit zu sein scheinen:

Ou dansent sans vouloir danser, pauvres sonnettes . . .

Oder tanzen, ohne es zu wollen, arme Schellen . . .

Je goûte à votre insu des plaisirs clandestins.[21]

Ich koste, ohne euer Wissen, geheime Freuden.

Insbesondere glaube ich, daß Baudelaires Vers so stark und kraftvoll und von solcher Schönheit war, daß der Dichter, ohne es zu wissen, das Maß überschritt. Er schrieb über diese unglücklichen kleinen Alten die kraftvollsten Verse, die die französische Sprache je gekannt hat, ohne dabei mehr daran zu denken, seine Worte abzuschwächen, um die Sterbenden nicht zu verspotten, als Beethoven beim Schreiben der Neunten Sinfonie in seiner Taubheit daran dachte, daß seine Noten nicht immer für menschliche Kehlen geschrieben und nicht immer für menschliche Ohren hörbar sind und daß sie immer den Eindruck machen würden, als wären sie falsch gesungen. Die Fremdartigkeit, in der für mich der berauschende Reiz seiner letzten Quartette liegt, hat bei manchen Personen, die doch ihr göttliches Geheimnis lieben, zur Folge, daß sie sie nicht anhören können, ohne mit den Zähnen zu knirschen, es sei denn, sie wären für das Klavier bearbeitet. An uns ist es, herauszulösen, was diese kleinen Alten, »débris de l'humanité pour l'Éternité mûrs«[22] (menschliche Trümmer, für die Ewigkeit reif) an Schmerz enthalten. Der Dichter foltert uns eher mit diesem Schmerz, als daß er ihn ausdrückt. Er hinterläßt uns eine Galerie von genialen Karikaturen alter Frauen, vergleichbar den Karikaturen Leonardo da Vincis oder Porträts von unvergleichlicher, doch mitleidloser Größe:

Celle-là droite encor, fière et sentant la règle,
Humait avidement ce chant vif et guerrier.
Son œil parfois s'ouvrait comme l'œil d'un vieil aigle,
Son front de marbre avait l'air fait pour le laurier.[23]

Und jene, noch aufrecht, stolz und die Zucht noch fühlend,
Sog gierig ein das helle kriegerische Lied,
Ihr Auge öffnete manchmal sich wie das eines alten Adlers,
Ihre marmorne Stirn schien wie für den Lorbeer geschaffen.

Dieses Gedicht von den *Petites vieilles* ist eines von jenen, in denen Baudelaire seine Kenntnis der Antike zeigt. Man bemerkt sie nicht weniger in *Le Voyage*, in dem die Geschichte Elektras zitiert wird, wie sie von Racine in einem seiner Vorworte hätte zitiert werden können. Mit dem Unterschied, daß in den Vorworten der Klassiker die Anspielungen im allgemeinen gemacht werden, um sich gegen einen Vorwurf zu verteidigen. Man kann nicht umhin zu lächeln, wenn man sieht, wie in den Vorworten zu *Phèdre* die ganze Antike bezeugt, daß Racine »noch keine Tragödie geschrieben hat, in der die Tugend mehr zur Geltung kommt als in dieser. Die geringsten Vergehen werden hier streng bestraft. Der Gedanke an das Verbrechen wird hier mit ebensoviel Abscheu betrachtet wie das Verbrechen selbst. Die Schwächen der Liebe gelten hier als wirkliche Schwächen, und das Laster wird überall mit Farben gemalt, die uns seine Häßlichkeit hassen lassen.« Und Racine, dieser geschickte Mann, bedauert sogleich, daß er nicht Aristoteles und Sokrates als Richter hat, die anerkennen würden, daß sein Theater eine Schule ist, in der die Tugend nicht weniger gut gelehrt wird als in den Schulen der Philosophen. Vielleicht ist Baudelaire aufrichtiger in dem Eingangsgedicht an den Leser »Hypocrite lecteur – mon semblable – mon frère«.[24] (Heuchlerischer Leser – meinesgleichen – mein Bruder.) Und unter Berücksichtigung der Verschiedenheit der Zeit ist nichts so baudelairehaft wie *Phèdre*, nichts so sehr eines Racine oder selbst eines Malherbe würdig wie die *Fleurs du mal*. Aber muß man überhaupt vom Unterschied der Zeit sprechen, er hat Baudelaire nicht gehindert, wie die Klassiker zu schreiben:

Et c'est encor, Seigneur, le meilleur témoignage
Que nous puissions donner de notre dignité[25]

Und das ist noch, Herr, das beste Zeugnis,
Das wir von unserer Würde geben können

O Seigneur, donnez-moi la force et le courage[26]

O Herr, gib mir die Kraft und den Mut

Ses bras vaincus, jetés comme de vaines armes,
Tout servait, tout parait sa fragile beauté.[27]

Ihre besiegten Arme, hingeworfen wie nutzlose Waffen
Alles diente, alles war Zierde ihrer zerbrechlichen Schönheit.

Es ist bekannt, daß sich diese letzten Verse auf eine Frau beziehen, die von den Liebkosungen einer anderen Frau erschöpft ist. Aber würde Racine, wenn es darum ginge, Junie vor Nero zu schildern, anders sprechen? Wenn Baudelaire sich von Horaz anregen läßt (abermals in einem der Gedichte über zwei Frauen), übertrifft er ihn. Anstelle von »animae dimidium meae«[28], an das er nach meiner Meinung unvermeidlich gedacht hat, schreibt er »mon tout et ma moitié«[29] (mein Ganzes und meine Hälfte). Man muß im übrigen anerkennen, daß Victor Hugo, wenn er die Antike zitieren wollte, es mit der allmächtigen Freiheit, mit der herrscherischen Klaue des Genies tat (zum Beispiel in dem großartigen Gedicht, das mit »ni l'importunité des sinistres oiseaux«[30] endet, was wörtlich »importunaeque volucres«[31] ist).

Ich spreche von Baudelaires Klassizismus nur nach der reinen Wahrheit und mit dem Bemühen, nicht durch Spitzfindigkeiten die Absichten des Dichters zu verfälschen. Ich finde dagegen einen meiner Freunde allzu spitzfindig und nicht an der baudelaireschen Wahrheit, wenn er behauptet, daß

Sois sage, ô ma Douleur, et tiens-toi plus tranquille[32]

Sei brav, o mein Schmerz, und halte dich stiller

nichts anderes sei als das »Pleurez, pleurez mes yeux et fondez-vous en eau«[33] (Weinet, weinet meine Augen, und zerfließet in Wasser) aus dem *Cid*. Abgesehen davon, daß ich die Verse der Infantin aus demselben *Cid* über den »respect de sa naissance«[34] (die Achtung vor ihrer Geburt) besser gewählt fände, scheint mir eine solche Parallele vollkommen äußerlich. Die Ermahnung, die Baudelaire an seinen Schmerz richtet, hat im Grunde nichts von einer Apostrophe, wie wir sie bei Corneille finden. Es ist die verhaltene, bebende Sprache eines Menschen, der zittert, weil er zuviel geweint hat.

Diese Empfindungen, von denen wir gesprochen haben, Empfindungen des Leidens, des Todes oder einer demütigen Brüderlichkeit, haben zur Folge, daß Baudelaire der Dichter ist, der vom Volk und vom Jenseits am besten gesprochen hat, indes Victor Hugo nur der Dichter ist, der davon am meisten gesprochen hat. Die Großbuchstaben Hugos, seine Dialoge mit Gott, das ganze Getöse sind nicht das wert, was der arme Baudelaire in der schmerzlichen Innerlichkeit seines Herzens und seines Körpers gefunden hat. Im übrigen hat Baudelaires Inspiration mit der Hugos nicht das geringste gemein. Der Dichter, der der Bildner einer Kathedrale hätte sein können, ist nicht der falsch-mittelalterliche Victor Hugo, es ist jener gottesfürchtige, kasuistische, kniende, Grimassen schneidende, verfemte Unreine, der Baudelaire ist.

Wenn ihr Gesang über den Tod oder über das Volk auch ungleich ist, wenn auch bei Baudelaire die Saite viel straffer gespannt ist und viel stärker vibriert, kann ich doch nicht sagen, daß Baudelaire Hugo in der Darstellung der Liebe übertrifft, und den Versen

... cette gratitude infinie et sublime
Qui sort de la paupière ainsi qu'un long soupir ...[35]

... diese unendliche und erhabene Dankbarkeit,
Die wie ein langer Seufzer aus der Wimper bricht

ziehe ich diese von Hugo vor:

Elle me regarda de ce regard suprême
Qui reste à la beauté quand nous en triomphons.[36]

Sie sah mich an mit jenem letzten Blick,
Der der Schönheit bleibt, wenn wir sie besiegen.

Im übrigen ist die Liebe bei Hugo völlig verschieden von der bei Baudelaire. Baudelaire hat wirklich bei keinem anderen Dichter die Quellen für seine Eingebung gesucht. Die Welt Baudelaires ist eine seltsame Zerlegung der Zeit, bei der nur seltene, bemerkenswerte Tage erscheinen; dadurch erklären sich die häufig wiederkehrenden Ausdrücke wie »Wenn an irgendeinem Abend ... « usw. Was das Mobiliar Baudelaires betrifft, das sicher das seiner Zeit war, so möge es als Lektion für die eleganten Damen der letzten zwanzig Jahre dienen, die in ihrem »hôtel« nicht den geringsten geschmacklichen Fehler duldeten. Sie mögen angesichts der vorgeblichen Stilreinheit, die sie mit soviel Mühe zu erreichen suchen, daran denken, daß man der größte und der künstlerischste Schriftsteller hat sein können, ohne anderes zu schildern als Betten mit schließbaren »Vorhängen«[37] (in den *Pièces condamnées*), Hallen, die Treibhäusern gleichen (*Une Martyre*), »Betten voll leichter Düfte, Diwane, die tief sind wie Grabmäler«[38], Etageren mit Blumen und Lampen, die nicht sehr lange brannten (*Pièces condamnées*), so daß man nur noch durch ein Kohlenfeuer Licht bekam.[39] Die Welt Baudelaires, manchmal durch einen duftenden Hauch der Ferne berührt und verzaubert, sei es durch Reminiszenzen (*La Chevelure* usw.), sei es auf direkte Weise, dank jener Säulentore, von denen so oft bei Baudelaire die Rede ist und die »sich auf unbekannte Himmel öffnen« (*La mort des pauvres*) oder »die von des Meeres Sonnen mit tausend Feuern übergossen« (*La vie antérieure*). Wir sagten, daß die Liebe bei Baudelaire zutiefst verschieden sei von der bei Hugo. Sie hat ihre Besonderheiten, und in dem, was sie eingesteht, scheint diese Liebe an der Frau vor allem die Haare, die Füße und die Knie zu schätzen:

O toison moutonnant jusque sur l'encolure! . . .

O Vlies, das bis tief über den Nacken niederwogt! . . .

Cheveux bleus, pavillon de ténèbres tendus!

O blaues Haar, Zelt von ausgespannten Finsternissen!
(*La Chevelure*)

Et tes pieds s'endormaient dans mes mains fraternelles.

Und deine Füße entschliefen in meinen brüderlichen
Händen.
(*Le Balcon*)

Et depuis tes pieds frais jusqu'à tes noires tresses
(j'aurais) *déroulé le trésor des profondes caresses.*[40]

Und von deinen kühlen Füßen bis zu deinen
schwarzen Zöpfen
(Hätte ich) entrollt den Schatz der tiefen
Zärtlichkeiten.

Natürlich gibt es zwischen Füßen und Haaren noch den ganzen Körper. Man darf jedoch annehmen, daß Baudelaire lange bei den Knien verhielt, wenn man sieht, mit welcher Eindringlichkeit er in den *Fleurs du mal* sagt:

Ah! laissez moi, le front posé sur vos genoux, ...

Ah, laß mich, die Stirn auf deine Knie gelegt, ...
(*Chant d'automne*)

Dit celle dont jadis nous baisions les genoux.

Sagt jene, deren Knie einst wir küßten.
(*Le Voyage*)

Trotzdem ist diese Art und Weise, den Schatz der tiefen Zärtlichkeiten zu entrollen, etwas ungewöhnlich. Und ich muß, unter Verschweigung dessen, was er glaubte nicht sagen zu sollen, was er allenfalls in manchen Augenblicken zu verstehen gab, zur Liebe bei Baudelaire kommen. Als die *Fleurs du mal* erschienen, schrieb Sainte-Beuve voller Naivität an Baudelaire, daß die nun zusammengefaßten Gedichte eine »ganz andere Wirkung« hätten.[41] Diese Wirkung, die dem Kritiker der *Lundis* günstig vorkam, ist erschreckend und grandios für jeden, der, wie alle meines Alters, die *Fleurs du mal* nur in der gereinigten Ausgabe kannten. Gewiß wußten wir, daß Baudelaire die *Femmes damnées* geschrieben hatte, und wir hatten sie gelesen. Doch wir hielten sie nicht nur für ein verbotenes, sondern auch für ein anderes Werk. Viele andere Dichter hatten ebenfalls ihre kleinen geheimen Veröffentlichungen. Wer hat nicht die beiden Bände von Verlaine *Hommes*, *Femmes* gelesen, die im übrigen so schlecht sind wie die *Femmes damnées* schön. Und unter den Schülern gehen Werke der reinen Pornographie von Hand zu Hand, die sie Alfred de Musset zuschreiben, ohne daß ich je daran gedacht hätte, mich darüber zu informieren, ob diese Zuweisung richtig ist. Ganz anders verhält es sich mit den *Femmes damnées*. Wenn man einen Band Baudelaire aufschlägt, der der ursprünglichen Ausgabe entspricht (zum Beispiel den von Monsieur Féli Gautier[42]), ist jemand, der nichts davon wußte, verblüfft, daß sich die freiesten und anstößigsten Gedichte über die Liebe zwischen Frauen darin finden und daß der große Dichter in seiner genialen Unschuld einem Gedicht wie *Delphine*[43] ebensoviel Bedeutung beimaß wie selbst dem Gedicht *Le Voyage*. Nicht, daß ich selbst unbedingt dem Urteil zustimmte, das ich einst Monsieur Anatole France habe aussprechen hören, nämlich, daß dies das Schönste sei, was Baudelaire überhaupt geschrieben habe. Es gibt erhabene Gedichte, aber daneben andere, die durch Verse irritieren wie:

Laisse du vieux Platon se froncer l'œil austère.[44]

Laß den alten Plato seine strenge Stirn runzeln.

André Chénier hat gesagt, daß Homer nach dreitausend Jahren noch jung sei.[45] Wieviel jünger noch ist Plato! Welch Vers eines unwissenden Schülers! – und um so überraschender, als Baudelaire eine philosophische Neigung besaß und gern die Form von der sie erfüllenden Materie unterschied.

Alors, ô ma beauté, dites à la vermine
Qui vous mangera de baisers
Que j'ai gardé la forme et l'essence divine
De mes amours décomposés.[46]

Dann, o meine Schöne, sag dem Gewürm,
Das dich mit Küssen frißt,
Daß ich die Form behalten und das göttliche Wesen
Meiner zerfallenen Liebe.

Oder

Réponds, cadavre impur ...
Ton époux court le monde, et ta forme immortelle ...[47]

Antworte, unreiner Kadaver ...
Dein Gemahl irrt durch die Welt, und deine unsterbliche Form ...

Unglücklicherweise hat man kaum Zeit gehabt, seinen Groll mit den nächsten Versen zu besänftigen, den schönsten, die je geschrieben wurden, da bringt die von Baudelaire gewählte dichterische Form nach fünf Versen das »laisse du vieux Platon se froncer l'œil austère« von neuem. Die Form ist in *Le Balcon* von der schönsten Wirkung:

Les soirs illuminés par l'ardeur du charbon

Die Abende, die von der Kohlenglut erleuchtet

ein Vers, dem ich im übrigen die Zeilen aus *Les Bijoux* vorziehe:

Et la lampe s'étant résignée à mourir,
Comme le foyer seul illuminait la chambre,
Chaque fois qu'il poussait un flamboyant soupir,
Il inondait de sang cette peau couleur d'ambre.

Und da die Lampe verlöschend erstarb,
Der Kamin allein das Zimmer erleuchtet,
Übergoß jedesmal, wenn er einen flammenden
Seufzer ausstieß,
diese ambrafarbene Haut er mit Blut.

In den *Pièces condamnées* jedoch ist sie ermüdend und nutzlos. Wenn man im ersten Vers gesagt hat:

Pour savoir si la mer est indulgente et bonne,[48]

Um zu erfahren, ob das Meer nachsichtig ist und gut,

warum dann im fünften abermals sagen

Pour savoir si la mer est indulgente et bonne.

Es ist darum nicht minder wahr, daß die zu den anderen hinzugefügten großartigen Gedichte eine »ganz andere Wirkung« haben, wie Sainte-Beuve schrieb, ohne allerdings zu wissen, wie genau das zutrifft[1]. Sie erhalten

1) Ich wage nicht mehr, von Sainte-Beuves Verhalten gegenüber Baudelaire zu sprechen, denn ich habe erfahren, daß mir Monsieur Fernand Vandérem[49] zuvorgekommen ist, der in einer bemerkenswerten Broschüre, indem er auf unwiderlegbare Weise die unbestrittenen Texte untersuchte, die entsetzliche Wahrheit dargestellt hat.

ihren rechten Platz unter den höchsten Gedichten des Buches zurück wie jene stolzen kristallenen Wogen, die sich nach Sturmnächten majestätisch erheben und mit ihren ineinandergeschobenen Gipfeln das gewaltige Bild des Meeres erweitern. Unsere Erregung steigert sich noch, wenn wir erfahren, daß diesen Gedichten in dem Band nicht nur der gleiche Rang zukam wie den anderen, sondern daß sie für Baudelaire in einem solchen Maße die Hauptstücke darstellten, daß er den Band zuerst nicht *Les fleurs du mal*, sondern *Les Lesbiennes* nennen wollte und daß der viel zutreffendere und viel allgemeinere Titel der *Fleurs du mal*, dieser Titel, den wir aus der Geschichte der französischen Literatur nicht mehr wegdenken können, nicht von Baudelaire selbst gefunden, sondern ihm von Babou geliefert worden ist. Er ist nicht nur besser. Während er noch anderes als nur Lesbierinnen einbezieht, schließt er sie doch nicht aus, da sie nach der ästhetischen und moralischen Konzeption Baudelaires wesentlich *Blumen des Bösen* sind. Wie hat er sich in solchem Maße für die Lesbierinnen interessieren können, daß er seinem glänzenden Werk als Ganzem ihren Namen als Titel geben wollte? Wenn Vigny, aufgebracht gegen die Frau, sie durch die Geheimnisse des Stillens erklärt hat:

Il rêvera toujours à la chaleur du sein,[50]

Immer wird er von der Wärme der Brust träumen,

durch die besondere Physiologie der Frau:

... enfant malade et douze fois impur,

... ein Kind, das krank ist und zwölfmal unrein,

und durch ihre Psychologie:

Toujours ce compagnon dont le cœur n'est pas sûr.

Immer der Gefährte, auf dessen Herz kein Verlaß ist.

versteht man, daß er in seiner enttäuschten und eifersüchtigen Liebe geschrieben hat: »la Femme aura Gomorrhe et l'Homme aura Sodome«. Zumindest setzt er sie beide als unversöhnliche Feinde in große Entfernung voneinander:

Et se jetant de loin un regard irrité,
Les deux sexes mourront chacun de son côté.

Und mit einem zornigen Blick aus der Ferne füreinander
Sterben die beiden Geschlechter jedes auf seiner Seite.

Für Baudelaire verhält es sich mitnichten so:

Car Lesbos entre tous m'a choisi sur la terre
Pour chanter le secret de ses vierges en fleurs
Et je fus dès l'enfance admis au noir mystère ...

Denn Lesbos hat mich unter allen erwählt auf der Erde,
Das Geheimnis seiner blühenden Jungfrauen zu besingen,
Und von Kindheit an war ich zugelassen zum dunklen Mysterium ...

Diese »Verbindung« zwischen Sodom und Gomorra, die ich in den letzten Teilen meines Werkes (nicht in dem ersten *Sodom*, das gerade erschienen ist[52]) einem Rohling, Charles Morel, zugewiesen habe (es sind im übrigen die Rohlinge, denen gewöhnlich diese Rolle zufällt), scheint Baudelaire von sich aus auf eine ganz besondere Weise »affiziert« zu haben. Wie interessant wäre es gewesen zu erfahren, warum Baudelaire diese Rolle gewählt und wie er sie erfüllt hat. Was bei Charles Morel verständlich ist, bleibt bei dem Verfasser der *Fleurs du mal* zutiefst geheimnisvoll.

Nach diesen großen Dichtern (ich habe keine Zeit gehabt, von der Rolle der antiken Städte bei Baudelaire zu sprechen und von dem Scharlachrot, das sie hie und da in sein Werk bringen) kann man vor dem Parnasse und dem Symbolismus, von denen wir heute nicht sprechen, keine wirklichen Genies mehr nennen. Musset ist trotz allem ein Dichter zweiten Ranges, und seine Bewunderer spüren das so gut, daß sie einen Teil seines Werkes immer ein paar Jahre ruhen lassen, jederzeit frei, zu ihm zurückzukehren, wenn sie es leid sind, sich um den anderen zu kümmern. Ermüdet von dem deklamatorischen Zug der *Nuits*, die doch das sind, wonach er strebte, lassen sie kleine Gedichte mit ihnen abwechseln:

Plus ennuyeux que Milan
Où, du moins, deux ou trois fois l'an,
Cerrito danse.[53]

Langweiliger als Mailand,
Wo wenigstens einige Male im Jahr
Cerrito tanzt.

Doch ein Stückchen weiter, in demselben Gedicht, nehmen einem die Verse über Venedig, wo er sein Herz gelassen hat, die Lust. Man versucht es dann mit den rein dokumentarischen Dichtungen, die uns zeigen, was zur Zeit Mussets die Bälle der »season« waren. Dieses Gerümpel genügt nicht, um einen Dichter zu machen (trotz der Heiterkeit erregenden Begeisterung, mit der Monsieur Taine von der Musik, der Farbigkeit usw. dieser Gedichte gesprochen hat[54]). Man kehrt dann zu den *Nuits* zurück, zu *L'espoir en Dieu* oder *Rolla*, die inzwischen Zeit hatten, sich wieder etwas aufzufrischen. Nur so köstliche Gedichte wie *Namouna* bleiben lebendig und geben das ganze Jahr hindurch Blüten.

Auf einer noch viel niedrigeren Stufe steht der edle Sully Prudhomme mit dem zugleich göttlichen und pferdeähnlichen Profil und Blick, der aber trotzdem kein sonderlich kraftvoller Pegasus war. Bei ihm finden sich die reizenden Anfänge eines Elegikers:

Aux étoiles j'ai dit un soir:
Vous ne me semblez pas heureuses.[55]

Zu den Sternen sagt' ich eines Abends:
Ihr scheint nicht glücklich zu sein.

Leider hört es an dieser Stelle nicht auf, und die beiden folgenden Verse, an die ich mich nicht mehr genau erinnere, sind etwas Entsetzliches:

Vos lueurs dans l'infini noir
Ont des tendresses douloureuses.

Eure Lichtschimmer in der unendlichen Finsternis
Sind von schmerzlicher Zärtlichkeit.

Dann am Ende zwei reizende Verse. An anderer Stelle gesteht er mit Anmut:

Je n'aime pas les maisons neuves
Elles ont l'air indifférent.[56]

Ich liebe die neuen Häuser nicht,
Sie sehen gleichgültig aus.

Leider fügt er sogleich etwas wie das Folgende hinzu:

Les vieilles ont l'air de veuves
Qui se souviennent en pleurant.

Die Alten sehen aus wie Witwen,
Die sich weinend erinnern.

Manchmal sind die Zueignungsstrophen an den Leser denen Mussets würdig, weniger munter, nachdenklicher und empfindsamer, alles in allem reizend. Das läßt immerhin die Romantik und die große Valmore in weiter Ferne. Ein einziger Dichter (vor dem Parnasse und dem Symbolismus) setzt, wenn auch stark abgeschwächt, die Tradition der großen Meister fort. Es ist Leconte de Lisle. Gewiß hat er auf nützliche Weise gegen eine erschlaffende Sprache reagiert. Doch darf man ihn nicht für allzu verschieden von dem halten, was ihm vorausgegangen ist. Ein kleines Spiel; hier sind zwei Verse:

La neige tombe en paix sur tes épaules nues

Der Schnee fällt still auf deine nackten Schultern

und

L'aube au flanc noir des monts marche d'un pied vermeil.

Die Morgendämmerung auf den schwarzen Flanken
der Berge schreitet mit purpurnem Fuß.

Nun, der erste, der ganz nach Leconte de Lisle klingt, ist von Alfred de Musset und steht in *La coupe et les lèvres*[57]. Und der zweite ist von Leconte de Lisle und steht in seinem vielleicht entzückendsten Gedicht, *La fontaine aux lianes*[58]. Leconte de Lisle hat die Sprache gereinigt und sie von allen dummen Metaphern befreit, denen gegenüber er ohne Mitleid war. Doch hat er selbst (und auf welch glückliche Weise) den »Flügel des Windes« gebraucht. An anderer Stelle ist es »das verliebte Lächeln des Windes«, oder sind es »die kristallenen Tropfen des Taus«, oder das »Feuergewand der Erde«, »die Sonnenschale«, »die Asche der Sonne«, »der Flug der Illusion«.

Ich habe gesehen, wie er mit einem sarkastischen Blick die schönsten Gedichte von Musset anhörte, doch ist er selbst oft nur ein steiferer, aber ebenso deklamatorischer Musset. Die Ähnlichkeit ist manchmal so halluzinierend, daß ich gestehe, mich nicht erinnern zu können, ob

Tu ne sommeillais pas, calme comme Ophélie[59]

Du schlummertest nicht, ruhig wie Ophelia

und von dem doch überzeugt bin, daß es von Leconte de Lisle ist, nicht doch von Musset ist, so sehr gleicht es einem Vers dieses letzteren. Leconte de Lisle hatte, ohne den Bildern der andern Unrecht tun zu wollen, seine eigene bizarre Weise zu sprechen. Immer waren die Tiere das Haupt, der König, der Prinz von irgend etwas, genauso wie der Süden »König der Sommer« ist. Er sagte nicht der Löwe, sondern »Es ist deine Stunde, o König von Sennaar, o Führer!« nicht der Tiger, sondern der »gestreifte Herr«, nicht die schwarze Pantherin, sondern »die Königin von Java, die schwarze Jägerin«, nicht der Jaguar, sondern der »Jäger mit dem schönen Fell«, nicht der Wolf, sondern der »Herr des Harzes«, nicht der Albatros, sondern der »König des Raumes«, nicht der Hai, sondern »der verderbenbringende Landstreicher der Steppen des Meeres«. Halten wir inne, denn es gäbe noch alle Schlangen. Später hat er allerdings auf die Metaphern verzichtet, und wie Flaubert, mit dem er so vieles gemeinsam hat, wollte er nicht, daß irgend etwas zwischen die Wörter und das Objekt träte. Im *Lévrier de Magnus*[60] spricht er vom Windhund mit der vollkommenen Unmittelbarkeit, die Flaubert in der *Légende de Saint Julien l'Hospitalier* gebraucht hätte:

L'arc vertébral tendu, nœuds par nœuds étagé,
Il a posé sa tête aiguë entre ses pattes.

Den Bogen der Wirbelsäule gespannt, Knoten für
Knoten übereinander,
Legt er seinen spitzen Kopf zwischen seine Pfoten.

Und das Gedicht ist durchgehend so gut. Trotzdem hätten wir Leconte de Lisle nicht als den letzten Dichter mit einigem Talent (vor dem Parnasse und dem Symbolismus) zitiert, wenn es bei ihm nicht eine köstliche neue Quelle der Poesie gäbe, eine Empfindung der Frische, die sicher von den tropischen Ländern stammt, in denen er gelebt hat. Ich besitze darüber keinerlei Auskünfte, und ich bedauere, daß ich, bevor ich Ihnen schrieb, mein lieber Rivière, nicht in der Lage war, eine große Dichterin aufzusuchen, deren Anfänge Leconte de Lisle väterlich begünstigte, nämlich Madame Henri de Régnier[61]. Sie hätte sicher hie und da mit einem passenden Wort eine Behauptung zurechtgerückt, die vielleicht nicht zutrifft. Aber, nicht wahr, wir haben heute nur versuchen wollen, zusammen zu lesen, laut, nach dem Gedächtnis, uns dabei allein auf unseren kritischen Sinn verlassend. Wenn man nun, ohne irgendwelche sonstigen Auskünfte, einige gut ausgewählte Verse von Leconte de Lisle von sich aus wieder ins Gedächtnis treten läßt, ist man verblüfft über die Rolle, die darin nicht nur die Sonne, sondern Sonnen unaufhörlich spielen. Ich spreche nicht mehr von der Asche der Sonne, die so oft wiederkehrt, sondern von den »fröhlichen Sonnen der naiven Jahre«, den »unfruchtbaren Sonnen«, die »nur noch Asche« sind, von »so vielen Sonnen, die nicht mehr wiederkehren« usw. Gewiß ziehen all diese Sonnen zahlreiche Erinnerungen der antiken Theogonien hinter sich her. Der Horizont ist »göttlich«.

La Vie antique est faite inépuisablement
Du tourbillon sans fin des appáarences vaines.[62]

Das antike Leben besteht unerschöpflich aus
Dem endlosen Wirbel der vergeblichen
Erscheinungen.

Von den Sonnen heißt es:

L'esprit qui les songea les entraîne au néant.[63]

Der Geist, der sie erträumte, zieht sie mit sich ins
Nichts.

Dieser subjektive Idealismus langweilt uns ein wenig. Doch man kann ihn loslösen. Es bleibt das Licht und das, was es auf köstliche Weise ausgleicht, die Frische. Baudelaire erinnerte sich gut an diese tropische Natur. Selbst »derrière la muraille immense du brouillard« (hinter der gewaltigen Wand des Nebels) ließ er durch seine Negerin »les cocotiers absents de la superbe

Afrique«[64] (die fehlenden Kokospalmen des herrlichen Afrika) heraufbeschwören. Doch man könnte meinen, daß er diese Natur nur vom Schiff aus gesehen hat. Leconte de Lisle dagegen hat in ihr gelebt, hat in ihr alle Stunden kennengelernt und ausgekostet. Wenn er von Quellen spricht, spürt man, daß er nicht als Rhetor die Verben keimen, kreisen, sickern gebraucht, und das einfache Wort Kies wird von ihm nicht zufällig hingesetzt. Welcher Charme, wenn er sich zu der Fontaine aux lianes zurückzieht, ein fast nur ihm vorbehaltener Ort,

> *Qui dès le premier jour n'a connu que peu d'hôtes.*
> *Le bruit n'y monte pas de la mer sur les côtes,*
> *Ni la rumeur de l'homme, on y peut oublier...*
> *Ce sont des chœurs soudains, des chansons infinies.*[65]

> Der seit dem ersen Tage nur wenig Gäste gekannt.
> Das Geräusch steigt nicht vom Meer die Hänge empor,
> Noch der Lärm der Menschen, man kann dort vergessen...
> Es sind plötzliche Chöre, endlose Lieder.

Der Azur dort ist so sanft, daß er genügt, um die Federn der Vögel zu trocknen.

> *L'oiseau tout couvert d'étincelles*
> *Montait sécher son aile...*[66]

> Der ganz mit Funken bedeckte Vogel
> Stieg empor, um seine Flügel zu trocknen...

(in einem der Gedichte:

à la brise plus chaude,[67]

In der wärmeren Brise,

in einem anderen:

Au tiède firmament.[68]

Im lauen Firmament).

À peine une échappée, étincelante et bleue
Laissait-elle entrevoir, en ce pan du ciel pur,
Vers Rodrigue ou Ceylan le vol des paille-en-queue,
Comme un flocon de neige égaré dans l'azur.[69]

Kaum ließ ein funkelnder blauer Durchblick
In diesem Stück des reinen Himmels erkennen
Den Flug der Tropikvögel nach Rodrigue oder Ceylon
Wie eine im Azur verirrte Schneeflocke.

Ist das nicht sehr hübsch, mein lieber Rivière? Und mußten wir nicht, obwohl sie weit unter Baudelaire stehen, doch so reizende Verse dem heutigen Leser ins Gedächtnis rufen, der so schlecht liest? Die Franzosen haben seit einiger Zeit gelernt, die Kirchen zu begreifen, den ganzen Schatz unseres Landes an Architektur. Es wäre gut, darüber nicht die anderen, ebenfalls an Formen und Gedanken reichen Denkmäler in Vergessenheit geraten zu lassen, die sich aus den Seiten eines Buches erheben.

MARCEL PROUST

Als ich diesen Brief an Jacques Rivière schrieb, hatte ich neben meinem Krankenbett kein einziges Buch. Man wird deshalb die mögliche Ungenauigkeit mancher Zitate, die leicht zu berichtigen ist, entschuldigen. Ich beabsichtigte nur, in meinem Gedächtnis zu blättern und den Geschmack meiner Freunde anzuleiten. Ich habe kaum die Hälfte von dem gesagt, was ich sagen wollte, und infolgedessen weit mehr als das Doppelte von dem, was ich mir vorgenommen hatte und was in gedrängterer Form und weniger von Zitaten belastet (geschmückt mit anderen, überzeugenderen, die mir in diesem Augenblick aus der Tiefe meiner Erinnerung wieder aufsteigen, wie um sich zu beklagen, daß sie nicht ihren Platz gefunden haben), unendlich viel kürzer gewesen wäre. Unter den Bemerkungen, die ich ausgelassen habe, gibt eine Monsieur Halévy[70] recht, der mir, darin Sainte-Beuve folgend, vorwarf, beschreibendes Adjektiv zu sagen, als ob ein Verb nicht ebenso gut beschreiben könnte, und gleichzeitig auch jenen, die nicht verstehen, daß es nach meiner Meinung nur eine einzige Art und Weise gibt, eine Sache zu schildern. Tatsächlich sagt Baudelaire in *La Chevelure*:

Un ciel pur où frémit l'éternelle chaleur

Ein reiner Himmel, an dem die ewige Hitze zittert

und im entsprechenden *Poème en prose*:

Où se prélasse l'éternelle chaleur.[71]

Wo sich die ewige Hitze breitet.

Es gibt also zwei gleich schöne Versionen, und beide Male ist das Epitheton ein Verb. Ich füge hinzu, daß mir das niemand geschrieben hat, sondern daß es meine eigene Erinnerung ist, die meiner Überlegung den Hals bricht, wie Molière sagt. Ich glaube auch weiterhin, daß die gefällige Stelle von Sainte-Beuve, die Monsieur Halévy ungefähr vor einem Jahr zitiert hat und die ich sehr gut kannte, nichts sonderlich Bemerkenswertes hat, und sogar, daß es keinen Grund gibt, über Vergils so zutreffende Verse, die der Verfasser der *Lundis* zitiert, in Begeisterung zu geraten. Natürlich beneide ich, der ich seit vielen Jahren verurteilt bin, in einem Zimmer mit geschlossenen Fensterläden zu leben, das nur durch elektrisches Licht erleuchtet wird, den Weisen von Mantua um seine schönen Spaziergänge. Doch bei dem Mann, der einen Teil seines Lebens damit verbracht hat, die *Bucolica* und die *Georgica* zu schreiben, wäre es einigermaßen erstaunlich, daß er niemals auf den Gedanken gekommen sein sollte, den Himmel zu betrachten und die Anordnung der Wolken bei regnerischem Wetter. Das ist reizend, aber es gibt keinen Grund, über eine einfache Beobachtung in Verzückung zu geraten. Bei Chateaubriand finden sich über dasselbe Thema der Wolken viel mehr als Beobachtungen, nämlich Impressionen, was keineswegs dasselbe ist, zudem sind sie auf geniale Weise ausgedrückt. All das berührt nicht im geringsten meine Bewunderung für Vergil. Die Gefahr solcher Artikel wie der von Sainte-Beuve liegt darin, daß man in Versuchung gerät, wenn man bei George Sand oder Fromentin solche Züge entdeckt, sie »Vergils würdig« zu finden, was absolut nichtssagend ist. So pflegt man heute von Schriftstellern, die nur das Vokabular Voltaires gebrauchen, zu sagen: »Er schreibt so gut wie Voltaire.« Nein, um so gut wie Voltaire zu schreiben, müßte man zunächst einmal anders schreiben als er. Etwas von diesem Mißverständnis liegt in der Renaissance, die sich um den Namen Moréas gebildet hat. Doch ist er nicht der einzige. Man macht viel Lärm um Toulet, der vor kurzem gestorben ist; all seine Freunde versichern im übrigen, daß er, was ich gern glauben will, ein reizender Mensch gewesen sei. Und die hübschen, oft sehr anmutigen Verse von ihm, die ich habe zitieren hören, erheben sich manchmal bis zu wirklicher Beredtheit. Aber unser ausgezeichneter Mitarbeiter, Monsieur Allard[72], macht sogar noch die Schmalheit seines Werkes zu einem Grund dafür, daß es für immer weiterleben wird. Mit einem so leichten Gepäck, schreibt er (ungefähr), gleitet man leichter in die Nachwelt. Bei solchen Argumenten, würde ich meinerseits sagen, gibt es nichts, was man nicht behaupten könnte. Die Nachwelt kümmert sich um die Qualität der Werke, sie urteilt nicht nach der Quantität. Sie bewahrt die ungeheure *Hochzeit von Kana*[73] oder die *Mémoires* von Saint-Simon ebenso wie ein Ringelgedicht von Charles d'Orleans oder einen winzigen und göttlichen Vermeer. Der Gedankengang Monsieur Allards läßt mich durch den Gegensatz an einen unzutreffenden, gegenteiligen, absurden Satz von Voltaire denken, der, wenn auch falsch, doch so amüsant ist, daß es mir leid tut, ihn nicht genau zu zitieren: »Dantes Fortleben ist gesichert; man liest ihn wenig.«[74]

ANMERKUNGEN

TAGE DES LESENS

»Journées de lecture«; unter dem Titel »Sur la lecture« erstmals in *La Renaissance Latine*, 15. Juni 1905; als »Préface/Sur la lecture« auch in *Sésame et les Lys*, Mercure de France, 1906.

Deutlicher noch als im »Post-Scriptum« zum Vorwort von *La Bible d'Amiens* zeigt sich in seinem Vorwort zu *Sésame et les Lys* Prousts Abkehr von Ruskin. Die Vorlage ist ihm nun nur noch Vorwand zum eigenen Schreiben. Konsequenterweise schiebt Proust alle sozialkritischen und philanthropischen Aspekte von *Sesam and Lilies* beiseite und kümmert sich nur um ästhetische Probleme – genauer, um sein ästhetisches Problem, das heißt um die Frage, ob und wie aus dem Umgang mit Literatur Literatur entstehen, ob und wie der Kritiker zum Dichter werden könne. Wie einige Jahre später in den Entwürfen zu einem Werk über Sainte-Beuve beginnt Prousts Arbeit in der Auseinandersetzung mit einer seiner Ästhetik entgegengesetzten Position, und wie dort führt sie gleichzeitig zu kritischen und zu narrativen Texten. Bevor Proust in »Sur la lecture« kritisch reflektierend über das Problem der Lektüre schreibt, erzählt er, sich erinnernd, von Tagen des Lesens. Wie schon in *Jean Santeuil* verwendet er dabei Erinnerungen an Illiers, doch stehen diese hier – anders als im unvollendeten Roman, hingegen wie später in der *Recherche* – im Zusammenhang einer Argumentation.

1 1905 und 1906 hatte Proust den fiktiven Namen »Méséglise« gesetzt. Jetzt, 1919, greift er auf den geographischen Namen »Méréglise« (in der Nähe von Illiers) zurück, um den Ort vom »Méséglise« der *Recherche* zu unterscheiden.

2 William Morris (1834–1896) gehörte zum weiteren Umfeld der Präraffaeliten. Seine Ideen und Entwürfe zur Innenausstattung wurden durch die Pariser Firma Maple & Co, Square de l'Opéra, übernommen.

3 Der sogenannte »Pré Catelan« in Illiers.

4 Die thematische und rhetorische Konstitution dieser Passage – z. B. das Lesen in einem abgeschlossenen Raum zwischen Innen- und Außenwelt oder die metonymische Motivation der Metapher in »der goldene Ton der Glokken« und in »müßiggängerischer und süßer Geruch« – weist schon deutlich auf die entsprechenden Stellen in *Swann*.

5 Eine entsprechende Stelle findet sich z. B. im Epilog zu Balzacs Roman *Les Chouans*.

6 Es handelt sich um die Gräfin von Albany, Alfieris Lebensgefährtin.

7 Solche Dank- und Ehrbezeugungen gehören zu Prousts literarischer Strategie.

8 Descartes, *Discours de la méthode* I.

9 Turner.

10 1863 erschienener Abenteuerroman des Dichters und Kritikers Théophile Gautier (1811–1872).

11 Gemäß dem Prinzip des Pastiche.

12 Xavier Saintine (1798–1865). Verfasser zahlreicher Romane und Theaterstücke, besonders Komödien und Vaudevilles.

13 Silvio Pellico (1798–1854). Italienischer Dichter, dessen Werk, *Le mie prigioni* – eine Schilderung von Pellicos Gefangenschaft in der Festung Spielberg – zum Welterfolg wurde.

14 Anspielung auf das Kapitel »Fleurs démodées« in Maeterlincks Essay-Band *Le double jardin* von 1904.

15 Bruchstück aus dem weiter unten zitierten Gedicht »Parfumés de trèfle et d'armoise« in der Sammlung *L'ombre des jours* (1902).

16 Im Musée d'Orsay. Das Bild ist 1868–1873 entstanden; es gehört zu der unvollendet hinterlassenen Serie der Vier Jahreszeiten.

17 Letzter Wohnsitz Monets. Garten und Haus sind heute als Museum eingerichtet.

18 Proust verwendet das gleiche psychopathologische Vokabular, wenn er von seiner Tätigkeit als Verfasser von Pasti-

ches spricht. Lektüre, Kritik und Pastiche sind für ihn Stufen auf dem Weg zum schöpferischen Schreiben.

19 Louis de Fontanes (1757–1821). Klassizistischer Dichter aus dem Kreis um Chateaubriand. Die weiter unten zitierten Verse entstammen einer von Sainte-Beuve besprochenen Ode.

20 In *Chateaubriand et son groupe littéraire* (1880). Sainte-Beuve ist auch der Herausgeber der 1839 erschienenen Werkausgabe Fontanes.

21 Théodule Ribot (1839–1916); bedeutender Vertreter der experimentellen Psychologie; 1888 Professor am Collège de France. Proust verweist auf das 1883 bei Alcan erschienene Werk *Maladies de la volonté.*

22 Proust hat Holland zweimal besucht: im Oktober 1898 und im Oktober 1902. Die hier erwähnten Örtlichkeiten hat er auf der zweiten Reise gesehen.

23 Geoffroi de Villehardouin; Chronist des 12. Jahrhunderts.

24 Vgl. die Passagen über die Götzenanbetung, die Idolatrie Ruskins und Montesquious S. 177–194.

25 In einer ausführlichen Fußnote von *Sésame et les Lys*, 1987, S. 93–96.

26 Proust findet die beiden Namen in Maeterlincks *Le double jardin*. Es handelt sich um Jacob Cats (1577–1660), einen holländischen Dichter und den Abt Sanderus (1586–1664), Autor des Werks *Flandria illustrata* (1641–1643).

27 Die von Proust angeführten Zitate wurden in der entsprechenden Verkürzung entnommen aus: Schopenhauer, *Die Welt als Wille und Vorstellung*, Bd. II, S. 753–754, Cotta Verlag/Insel Verlag, Stuttgart/Frankfurt am Main, 1960. (Anm. des Übers.)
Da es um das Prinzip des Zitierens und nicht um die zitierten Texte geht, wurde auf eine durchgehende Aufschlüsselung der Zitate verzichtet.

28 Der zitierte Text befindet sich auf der ersten Seite des 1843 erschienenen Reiseberichts *Tra los montes. Voyage en Espagne 1840*.

29 Dieses merkwürdige Faktum bildet den Ausgangspunkt

von Prousts Überlegungen zur Methode Sainte-Beuves in den Entwürfen der Jahre 1908/1909.

30 Pierre-Alexandre Monsigny (1729–1817); französischer Komponist. Der Wagnerianer d'Indy war es auch, der 1896 die ganz auf die alte Musik ausgerichtete Pariser Schola Cantorum mitbegründete.

31 Wie *La vie de Jésus* (1863) gehören die von Proust zitierten *Les Apôtres* (1866), *Saint Paul* (1869) und *Marc Aurel* (1881) zu Renans *Origines du Christianisme.*

ÜBER DEN »STIL« FLAUBERTS

»À propos du ›style‹ de Flaubert«: *La Nouvelle Revue Française*, Januar 1920.

Prousts Aufsatz ist die Reaktion auf einen Artikel Albert Thibaudets: »Une querelle littéraire sur le style de Flaubert«, *La Nouvelle Revue Française*, November 1919. Thibaudet hat Proust seinerseits geantwortet: »Lettre à Marcel Proust sur le style de Flaubert«, *La Nouvelle Revue Française*, März 1920. Compagnon hat beide Texte Thibaudets in seine Ausgabe von Prousts vier letzten großen Essays aufgenommen.

Während seiner Arbeiten über Sainte-Beuve hat sich Proust mit Flaubert besonders intensiv auseinandergesetzt. Die stilkritische Beschäftigung mit Flaubert geht auf Walter Paters *Essay on Style* (1889) zurück, wo bereits von Homogenität des Stils und von Flauberts »Schwere« die Rede ist. Prousts Flaubert-Essay ist das kritische Pendant zum Flaubert-Pastiche aus dem Jahre 1908. Die von Proust am Beispiel Flauberts praktizierte Stilkritik hat Leo Spitzer aufgenommen, weiterentwikkelt und in meisterhafter Manier am Beispiel Prousts dargelegt. Die im Vorwort zu Blanches *Propos de peintre* begonnene Diskussion über das Revolutionäre und das Klassische in der Kunst wird im Flaubert-Aufsatz weitergeführt, und auch hier ist sie ebensosehr auf Flaubert wie auf Proust selbst bezogen, haben doch die Kritiker auch Proust vorgeworfen, seine Sprache sei grammatikalisch nicht korrekt.

1 Das *passé défini* oder *passé simple* gilt in der klassischen fran-

zösischen Grammatik als die Zeit, die eine abgeschlossene oder zeitlich genau festgelegte Handlung ausdrückt. (A. d. Ü.)

2 Perfekt. (A. d. Ü.)

3 Vgl. die Ausführungen über Stil und Metapher in der »Matinée Guermantes« (*Die wiedergefundene Zeit*, 1984, S. 288 ff.).

4 *L'éducation sentimentale* II,6; *Œuvres*, 1951-1952, Bd. II, S. 450 und 451.

5 »La légende de Saint-Julien l'Hospitalier«, 2. Kapitel; in *Trois contes*, *Œuvres*, Bd. II, S. 636.

6 Ibid., S. 648.

7 Mit »Le trottoir roulant« war in der Zeitung *L'Écho de Paris* die Rubrik überschrieben, die Nachrichten aus dem Gesellschaftsleben brachte. Man denkt hier jedoch auch an Flauberts Charakterisierung von Charles Bovarys Konversation: »La conversation de Charles était plate comme un trottoir de rue.« (*Madame Bovary*, I, 7; *Œuvres*, Bd. I, S. 362)

8 Zitat aus der Erzählung *Lysimaque*. Vgl. *Œuvres complètes*, Paris, Nagel, 1950-1955, Bd. I; in der dort abgedruckten Ausgabe von 1758 steht der Text in Bd. II, S. 499.

9 *L'éducation sentimentale* I,6; *Œuvres*, Bd. II, S. 34.

10 Émile Augiers Komödie *Le gendre de M. Poirier* (1854) steht als Beispiel für Trivialliteratur.

11 Vgl. Prousts Aufsatz über Blanche.

12 *L'éducation sentimentale* I, I; *Œuvres*, Bd. II, S. 33.

13 Zitate aus dem 2. und dem 1. Kapitel von »La légende de Saint-Julien l'Hospitalier«; in *Trois contes*; *Œuvres*, Bd. II, S. 640 und 628.

14 Zitat aus Flauberts Vorwort zu Louis Bouilhets 1872 erschienenen *Dernières chansons* (Genf, Slatkine Reprints, 1974, S. 313).

15 »La légende de Saint-Julien l'Hospitalier«, 2. Kapitel; in *Trois contes*; *Œuvres*, Bd. II, S. 636.

16 Zitate aus *L'éduction sentimentale* III, I; *Œuvres*, Bd. II, S. 330 und 338.

17 Alle drei vorangehenden Zitate aus *L'éducation sentimentale* III,6; *Œuvres*, Bd. II, S. 448-450.

18 *Salammbô*, 12. Kapitel; *Œuvres*, Bd. I, S. 935.

19 Ibid., 1. Kapitel, S. 743.

20 »La légende de Saint-Julien l'Hospitalier«, 1. Kapitel; in *Trois contes*; *Œuvres*, Bd. II, S. 623.

21 *L'éducation sentimentale* II,1; Bd. II, S. 319.

22 Vgl. die Erörterungen über Welt-Anschauung (»vision«) und Stil in der »Matinée Guermantes« (*Die wiedergefundene Zeit*, 1984, S. 297).

23 *Madame Bovary* II,9; *Œuvres*, Bd. I, S. 469.

24 *L'éducation sentimentale* III,1; Œuvres, Bd. II, S. 324.

25 Proust erinnert sich an den Satz »Paris, bientôt, serait couvert de mouvements gigantesques« aus dem gleichen Kapitel (S. 326).

26 »La légende de Saint-Julien l'Hospitalier«, 1. Kapitel; in *Trois contes*; *Œuvres*, Bd. II, S. 625.

27 *L'éducation sentimentale* I,1; Bd. II, S. 34.

28 »La légende de Saint-Julien l'Hospitalier«, 1. Kapitel; in *Trois contes*; *Œuvres*, Bd. II, S. 623.

29 Renoir ist am 3. Dezember 1919 gestorben.

30 *L'éducation sentimentale* III,1; *Œuvres*, Bd. II, S. 353.

31 Flaubert pflegte den Klang seiner Sätze zu überprüfen, indem er sie sich laut vortrug. Den dazu bestimmten Raum nannte er sein »gueuloir«.

32 Für weitere Äußerungen Prousts zum Problem des Pastiches verweisen wir auf unseren Kommentar in *Nachgeahmtes und Vermischtes*; *Werke I/2*, S. 306.

33 Im folgenden betrachtet Proust den Übergang vom 5. zum 6. Kapitel des dritten Teils von *L'éducation sentimentale*; *Œuvres*, Bd. II, S. 448-449.

34 Léon Daudets *Hérédo* (1916) und *Le monde des images* (1919) sind Werke, in denen sich biologische, medizinische, psychologische und ästhetische Betrachtungen vermengen. Es ist anzunehmen, daß Proust diese Fußnote seinem Text hinzufügte, nachdem ihm Léon Daudet am 10. Dezember 1919 mitgeteilt hatte, er würde mit dem Prix Goncourt ausgezeichnet. Proust hat den Preis nicht zuletzt dank der Bemühungen Daudets erhalten. Vgl. Prousts Aufsatz über Léon Daudet.

35 Daniel Halévy, »La mémoire de Sainte-Beuve«, *Journal des Débats*, 13. Oktober 1919.

36 Anspielung auf den Titel von Sainte-Beuves *Tableau historique et critique de la poésie et du théâtre français au XVIe siècle* (1828).

37 Der Vers stammt aus einem Sonett der *Pensées d'août* (1837); in *Poésies complètes*, Paris 1840, S. 390.

38 Proust verwechselt offensichtlich Labiallaut und Liquida. Vgl. Prousts Kommentar zu diesem Vers im Baudelaire-Aufsatz.

39 Vers 68 von »Booz endormi« (*La légende des siècles* II,6).

40 Proust bezieht sich auf ein von Thibaudet zitiertes Beispiel.

41 Sowohl Mussets »Chanson« aus den *Poésies nouvelles* als auch Molières *Fourberies de Scapin* sind nach den Meisterwerken erschienen, mit denen Proust sie hier in Beziehung setzt.

42 Im Prozeß um *Madame Bovary* hat Senard die Verteidigung Flauberts übernommen und den Freispruch des Autors erwirkt. Der Roman ist ihm gewidmet.

43 Proust hat bei jeder Gelegenheit die Meinung bekämpft, sein Werk sei ein Erinnerungsroman und funktioniere gemäß der üblichen Technik der Ideenassoziation.

44 Man beachte, daß Proust von der Madeleine nicht als einer Erinnerung, sondern als einem kompositorischen Baustein spricht. Das technische Vokabular dieser Passage (»strenge Komposition«, »weite Öffnung des Zirkels«, »benutzen« usw.) weist deutlich auf Paters *Essay on Style*.

45 Chateaubriand und Nerval werden auch in der »Matinée Guermantes« als Beispiele für kompositorische Verwendung von Erinnerungsphänomenen zitiert (*Die wiedergefundene Zeit*, 1984, S. 329-330).

46 Noch auf den Druckfahnen von *Du côté de chez Swann* war dies der Haupttitel von Prousts Roman.

»À propos de Baudelaire«: *La Nouvelle Revue Française*, 21. Juni 1921.

Mit diesem Text in Briefform antwortet Proust auf die Bitte Jacques Rivières, ihm für die *Nouvelle Revue Française* einen Artikel zum 100. Geburtstag Baudelaires zu schicken. Der von Proust als Improvisation hingestellte Text führt die Themen der vorangehenden Essays in konsequenter Weise zu ihrem Höhepunkt, nämlich der Erkenntnis, daß Baudelaire gerade in den von seiner Zeit verkannten und verurteilten Gedichten klassische Größe erreicht und einem Racine gleichzusetzen ist. Wenn Proust auf der Thematik der Homosexualität bei Baudelaire beharrt und die Qualität von Gedichten wie »Femmes damnées« herausstreicht, so tut er es gewiß auch im Hinblick auf die bevorstehende Publikation von *Sodome et Gomorrhe* II, wo sein Roman eine Wendung nimmt, die im damaligen moralischen Klima auf Widerspruch stoßen mußte.

1 Alle folgenden Hugo-Zitate stammen aus dem Gedicht »Booz endormi« *(La légende des siècles)*.

2 Anspielung auf eine Szene in Balzacs Roman *Illusions perdues*; vgl. *La comédie humaine*, 1976-1981, Bd. V, S. 211.

3 Vgl. *L'Hérédo* (1916), *Le monde des images* (1919) und *Le stupide XIXe siècle* (1922).

4 Vers 78 aus Vignys Gedicht »La colère de Samson«, den Proust auch als Epigraph über *Sodom und Gomorra* gesetzt hat.

5 Verse 313 und 315 aus Vignys »La maison du berger«.

6 Ibid., Verse 335-336.

7 Verse 33 und 29-32 aus »L'Imprévu«.

8 Vers 11 aus »La mort des pauvres«.

9 Paul Valéry, *Œuvres complètes*, Paris, Gallimard, »Bibliothèque de la Pléiade«, 1960, Bd. II, S. 119.

10 Zitat nach »L'âme du vin«, Verse 18-20. Bei Baudelaire steht: »À ton fils je rendrai sa force et ses couleurs.« (»Deinem Sohn gebe ich seine Kraft und seine Farben zurück.«)

11 Die beiden Verse, auf die sich Proust bezieht (Verse 11-12),

lauten: »Et sa chaude poitrine est une douce tombe / Où je me plais bien mieux que dans mes froides caveaux.« (»Und seine warme Brust ist ein sanftes Grab / Darin es mir weit besser gefällt als in meinen kalten Kellern.«)

12 Verse 53-56 aus »Les petites vieilles«.

13 Letzte Strophe von »L'Imprévu«.

14 Gemeint sind *Margarethe* (1859) und *Roméo et Juliette* (1867) von Gounod.

15 Letzte Strophe von »Le Voyage«.

16 Vgl. Jacques Boulenger, »Le dandysme de Baudelaire«, *L'Opinion*, 9. April 1921.

17 Vers 1 aus »Le Cygne«.

18 Vers 1 aus »L'Imprévu«.

19 »Chant d'automne«. Die Vertonungen Faurés sind eine wichtige Quelle von Prousts Zitaten.

20 »Causerie«, Vers 9; im folgenden zitiert Proust die Verse 11-14 desselben Gedichts.

21 »Les petites vieilles«, Verse 15 und 76.

22 Ibid., Vers 72.

23 Ibid., Verse 57-60.

24 Letzter Vers von »Au lecteur«.

25 Ungenaues Zitat aus der letzten Strophe von »Les Phares«.

26 »Un voyage à Cythère«, Vers 59.

27 »Femmes damnées«, Verse 11-12.

28 »Die Hälfte meiner Seele«: Horaz, *Oden* 1,3, Vers 8.

29 »Femmes damnées«, Vers 36.

30 Letzter Vers von »Lettre« in *Les Contemplations*.

31 Vergil, *Georgica* 1, Vers 470.

32 »Recueillement«, Vers 1.

33 Vers 799 aus Corneilles *Le Cid*.

34 Ibid., Vers 1165.

35 »Femmes damnées«, Verse 23-24.

36 Verse 5-6 aus »Elle était déchaussée... « in *Les Contemplations*.

37 Anspielung auf Vers 81 von »Femmes damnées«.

38 Anspielung auf die ersten Verse von »La mort des amants«.

39 Anspielung auf »Femmes damnées« und »Le Balcon«.
40 »Une nuit que j'étais ...«, Verse 10-11.
41 Brief vom 20. Juli 1857; *Causeries du lundi* Bd. IX, Anhang.
42 Anspielung auf die 1918 im Verlag der Nouvelle Revue Française erschienene Ausgabe der *Fleurs du mal*.
43 Gemeint ist das Gedicht »Femmes damnées«.
44 »Lesbos«, Verse 21 und 25.
45 Anspielung auf eine Stelle in der »Épître à Voltaire« von Marie-Joseph (dem Bruder von André) Chénier.
46 Letzte Strophe von »Une Charogne«.
47 »Une Martyre«, Verse 49 und 57.
48 »Lesbos«, Verse 51 und 55. Wie »Le Balcon« ist »Lesbos« nach dem Prinzip der »strophes encadrées« gebaut, was die von Proust kritisierte Wiederholung gewisser Verse mit sich bringt.
49 Fernand Vandérem, *Baudelaire et Sainte-Beuve*, Paris, H. Leclerc, 1917.
50 Alle folgenden Vigny-Zitate stammen aus dem Gedicht »La colère de Samson«.
51 »Lesbos«, Verse 41-43.
52 Der erste Teil von *Sodome et Gomorrhe* ist gleichzeitig mit dem zweiten Teil von *Le côté de Guermantes* im Mai 1921 erschienen.
53 Äußerst ungenaues Zitat aus dem Gedicht »À mon frère revenant d'Italie« in *Poésies nouvelles*.
54 Wo Taine von diesen Gedichten spricht, ist uns nicht bekannt.
55 Zitat aus »La voie lactée« in *Les Solitudes*.
56 Zitat aus »Les vieilles maisons« in *Les Solitudes*.
57 In *Premières poésies*.
58 In *Poèmes barbares* (1862).
59 Proust denkt an Vers 57 von »La fontaine aux lianes«, ibid.
60 In *Poèmes tragiques* (1884).
61 Die mit Proust befreundete Tochter Heredias, Marie Heredia.
62 »La Maya« in *Poèmes tragiques*.

63 »L'illusion suprême«, ibid.
64 Anspielung auf »Le Cygne«.
65 »Le Bernica« in *Poèmes barbares.*
66 »La fontaine aux lianes«, ibid.
67 »Le Bernica«, ibid.
68 »La fontaine aux lianes«, ibid.
69 »La ravine Saint-Gilles«, ibid.
70 Proust bezieht sich auf Halévys Artikel über Sainte-Beuve in *La Minerve française*; vgl. unseren genauen Nachweis auf S. 606. Bei dem von Halévy zitierten Text handelt es sich um den »Lundi« vom 14. Mai 1866 über das Werk *Idées et sensations* der Brüder Goncourt. Zum Epitheton und zu Vergil vgl. *Nouveaux lundis*, 1863-1872, Bd. x, S. 410-411.
71 »Un hémisphère dans une chevelure« in *Le spleen de Paris.*
72 Roger Allard, »Les *Contrerimes* de P. J. Toulet, Éditions du Divan«, *La Nouvelle Revue Française*, 1. April 1921.
73 Gemälde von Veronese im Louvre.
74 Freies Zitat nach einem zuerst in *Suite des mélanges de littérature et de philosophie* (1757), dann, unter dem Stichwort »Le Dante«, im *Dictionnaire philosophique portatif* (1764) erschienenen Text.

Eine Kooperation des Suhrkamp Verlages mit der Académie de Berlin.
Weitere Informationen unter: www.suhrkamp.de/franzoesischebibliothek

Die französischen Originalausgaben erschienen erstmals:
1905 unter dem Titel »Sur la lecture« in *La Renaissance Latine* sowie
1920 unter dem Titel »À propos du ›style‹ de Flaubert«, 1921 unter dem Titel
»À propos de Baudelaire« jeweils in der *Nouvelle Revue Française*.

Text und Anmerkungen dieser deutschen Ausgabe folgen
Band 1/2 (»Tage des Lesens«) und Band 1/3 der von Luzius Keller
herausgegebenen *Werke* von Marcel Proust.

Erste Auflage 2023
suhrkamp taschenbuch 5353

Umschlaggestaltung: Brian Barth, Berlin
Druck: C.H. Beck, Nördlingen
Printed in Germany
ISBN 978-3-518-47353-5

www.suhrkamp.de

FRANZÖSISCHE BIBLIOTHEK

RENÉ DAUMAL
Der Analog
In der Übersetzung
von Albrecht Fabri
Roman. 138 Seiten
ISBN 978-3-518-47350-4

MICHEL FOUCAULT
Die Hoffräulein
In der Übersetzung
von Ulrich Köppen
54 Seiten
ISBN 978-3-518-47351-1

ROBERT PINGET
Passacaglia
In der Übersetzung
von Gerda Scheffel
156 Seiten
ISBN 978-3-518-47352-8

FRANZÖSISCHE BIBLIOTHEK

ROLAND BARTHES · Die Lust am Text
In der Übersetzung von Traugott König
98 Seiten · ISBN 978-3-518-46908-8

MAURICE BLANCHOT · Thomas der Dunkle · Roman
In der Übersetzung von Jürg Laederach
116 Seiten · ISBN 978-3-518-46910-1

MICHEL BUTOR · Paris-Rom oder Die Modifikation · Roman
In der Übersetzung von Helmut Scheffel
294 Seiten · ISBN 978-3-518-46905-7

RENÉ CHAR · Rückkehr stromauf · Gedicht
In der Übersetzung von Peter Handke
214 Seiten · ISBN 978-3-518-46902-6

COLETTE · Diese Freuden
In der Übersetzung von Maria Dessauer
164 Seiten · ISBN 978-3-518-46909-5

MARGUERITE DURAS · Hiroshima mon amour · Filmnovelle
In der Übersetzung von Walter Maria Guggenheimer
116 Seiten · ISBN 978-3-518-46906-4

MICHEL LEIRIS · Mannesalter
In der Übersetzung von Kurt Leonhard
218 Seiten · ISBN 978-3-518-46907-1

CLAUDE LÉVI-STRAUSS · Das Ende des Totemismus
In der Übersetzung von Hans Naumann
142 Seiten · ISBN 978-3-518-46914-9

HENRI MICHAUX · Ein gewisser Plume
In der Übersetzung von Kurt Leonhard
108 Seiten · ISBN 978-3-518-46912-5

FRANCIS PONGE · Im Namen der Dinge
In der Übersetzung von Gerd Henninger
98 Seiten · ISBN 978-3-518-46903-3

RAYMOND QUENEAU · Die Haut der Träume · Roman
In der Übersetzung von Eugen Helmlé
180 Seiten · ISBN 978-3-518-46911-8

ALAIN ROBBE-GRILLET · Der Augenzeuge · Roman
In der Übersetzung von Elmar Tophoven
234 Seiten · ISBN 978-3-518-46904-0

NATHALIE SARRAUTE · Kindheit
In der Übersetzung von Elmar Tophoven
320 Seiten · ISBN 978-3-518-46901-9

CLAUDE SIMON · Die Akazie · Roman
In der Übersetzung von Eva Moldenhauer
356 Seiten · ISBN 978-3-518-46900-2

PAUL VALÉRY · Windstriche · Aufzeichnungen und Aphorismen
In der Übersetzung von Bernhard Böschenstein,
Hans Staub und Peter Szondi
184 Seiten · ISBN 978-3-518-46913-2

LOUIS ARAGON · Der Pariser Bauer
In der Übersetzung von Lydia Babilas
243 Seiten · ISBN 978-3-518-47035-0

EDMOND JABÈS · Das Buch der Fragen
In der Übersetzung von Henriette Beese
180 Seiten · ISBN 978-3-518-46988-0

JULIA KRISTEVA · Geschichten von der Liebe
In der Übersetzung von Wolfram Bayer und Dieter Hornig
407 Seiten · ISBN 978-3-518-46989-7

PAUL NIZAN · Das Leben des Antoine B.
In der Übersetzung von Gerda Scheffel
261 Seiten · ISBN 978-3-518-46990-3

SIMONE WEIL · Fabriktagebuch
In der Übersetzung von Heinz Abosch
248 Seiten · ISBN 978-3-518-46991-0

FRANZÖSISCHE BIBLIOTHEK